父母是孩子最好的老师

张艳玲 编著

民主与建设出版社

·北京·

©民主与建设出版社，2018

图书在版编目（CIP）数据

父母是孩子最好的老师 / 张艳玲编著. — 北京：民主与建设出版社，2018.3

ISBN 978-7-5139-1976-0

Ⅰ.①父… Ⅱ.①张… Ⅲ.①家庭教育 Ⅳ.①G78

中国版本图书馆CIP数据核字（2018）第037272号

父母是孩子最好的老师
FUMU SHI HAIZI ZUIHAO DE LAOSHI

出 版 人：许久文

编　　著：张艳玲

责任编辑：王　颂　袁　蕊

出版发行：民主与建设出版社有限责任公司

电　　话：（010）59419778　59417747

社　　址：北京市海淀区西三环中路10号望海楼E座7层

邮　　编：100142

印　　刷：三河市天润建兴印务有限公司

版　　次：2018年4月第1版

印　　次：2018年4月第1次印刷

开　　本：710mm×1000mm　1/16

印　　张：17

字　　数：130千字

书　　号：ISBN 978-7-5139-1976-0

定　　价：39.80元

注：如有印、装质量问题，请与出版社联系。

前言
PREFACE

著名教育专家卢勤曾写过一篇关于中国家庭教育误区的报告，题目叫《没有差的孩子，只有差的家长》，文中列举了许多因为教育方法失当而使孩子走入歧途的例子。可见，孩子的明天在很大程度上掌握在今天的父母手中。要成为合格的父母，仅有对孩子的殷切希望是不够的，最重要的是要抓住教育孩子的关键，掌握良好的教育方法。

爱因斯坦曾经说过："孩子生来都是天才，但往往在求知的岁月中，错误的教育方法扼杀了他们的天才。"对孩子来说，父母是第一任老师和终身老师，也是最好的启蒙老师。因此，父母的教育观念和教育方法直接影响着孩子的成长。

孩子是父母的希望，每一位做家长的都希望自己的孩子能够健康、茁壮地成长，父母与孩子在一起的时间最长，因而当好孩子的老师是义不容辞的责任和义务，而父母的一举一动、一言一行都潜移默化地影响和改变着自己的孩子。父母教育孩子要因势利导、因材施教、对症下药，而不能急于求成、急功近利、拔苗助长。

前 言
PREFACE

巴金先生说："孩子们变好或变坏和他们受到的教育有关，有句话叫'先入为主'，所以父母是第一个老师，不能把一切推给学校。帮助孩子健康地成长，所谓培养、所谓教育，不过是这样一句话。我们希望子女成龙，首先就要尽父母的职责。"优秀的教育方法，不仅可以激发孩子的学习潜力，改变孩子的不良习惯和行为，而且可以提高孩子的综合素质，为孩子将来步入社会做好充分的准备。

"让孩子赢在起跑线上"，这是所有父母毕生努力的目标。父母要做孩子最好的老师，培养孩子健全的人格、解决困难的勇气、自信地面对挑战、远离恶习、主动承担责任、热情地投入生活、友好地看待他人，为孩子铺下一条成功的道路。

本书从实际生活中精选了许多成功的教育案例，并加以提炼、分析，为正在迷途中的父母提供了许多可供借鉴的教育方法。真心希望普天下所有的父母都能教育出优秀的孩子。

目　录
CONTENTS

第三章

谨慎使用责备与奖励

第四章

让孩子成为生活中的强者

第五章

帮助孩子取得好成绩

第六章

鼓励孩子一定要说的十句话

第七章

尊重孩子不能说的十句话

第一章
父母才是孩子最好的老师

儿童具有一种未知的力量，这种力量可以引导我们进入美好的未来。如果我们真的想革新这个世界，教育就必须将发展儿童的潜能作为目标。

——【意大利】蒙台梭利 幼儿教育家

01 父母是孩子生命里的 第一位良师益友

亲子课堂

　　孩子是站在父母的肩膀上成长的，父母的高度决定了孩子的高度；父母能走多远，孩子才能走多远。

　　人的一生中要接受很多老师的指导和无数朋友的帮助，但最早遇到的一位老师不是别人，而是父母，父母同时也是孩子最亲密的朋友。

　　父母是最早培养孩子的人，是孩子人生中最亲爱的人。因此，父母是孩子生命中的第一位良师益友。孩子的心灵就如同一张白纸，这张白纸上究竟能画出什么样的图画，很大程度上取决于父母。

　　有些父母十分认同"父母是孩子人生道路上的第一任老师"这个说法，因此时时刻刻都以老师的姿态和孩子相处，却忽略了朋友这一角色。

他们总是像严格的老师一样要求孩子应该做什么，应该学什么。正是因为这样一种姿态，使孩子对父母更多的是像对老师一样的遵从和敬畏，而少了一些亲近和平等。

的确，父母是孩子最好的老师。正确教育孩子的方式就是父母在对孩子的长期观察和不断理解的过程中确立起来的。换句话说，其实，就是父母和孩子每时每刻交流共处的结果，就是给孩子提供每一个环境细节的熏陶引导。

古今中外一些有成就的人，他们的父母总是有这样一些共同的特点：

1.喜欢与自己的孩子一起学习，共同探讨问题。

2.善良可亲，耐心细致，不会因孩子把东西搞得乱七八糟而大发脾气，即使孩子犯了错，也会耐心指导。

3.孩子从事一些稍带危险性的活动，他们一般能允许，有时还会和孩子一起"尝试"。

4.他们会风趣地回答孩子提出的问题。

5.他们会在雨天和孩子一起玩雨，下雪天和孩子一起堆雪人、打雪仗。

无一例外，他们都成为孩子的好朋友。因为他们都明白一个道理：孩子虽然幼小，但不要以为他什么都不懂，他们同样有自尊心与想法。

所以，作为父母应尽量从孩子的角度考虑问题，经常与孩子交流，多听听孩子的心里话，也可以试着在一些事上采纳孩子的意见，这样孩子与父母相处起来可能会更融洽，感情也会越深厚。

而心理学家也发现：父母的教育风格，不仅会影响父母与孩子之间的情感关系，而且还会影响孩子的学习效果、生活品质和工作质量。托尔斯泰也说："在一个家庭里，只有父母能教育自己时，才能产生孩子的自我教育。"

其实，无论是做朋友，还是做老师，父母都是孩子在这个世界上最值得信赖的人。热爱孩子、教育孩子是父母的天职，而父母在教育孩子的时候，也不要忽视对心灵和情感的关爱，对孩子亲切、平等的时候，不忘记教育的责任。

另外，父母不但要做孩子的良师益友，经常与他沟通，更要做孩子的榜样。孩子的行为从某种程度上可以反映出父母的品质。因此，父母在教育孩子之前，也要想想要求孩子做到的自己是否已经做到。父母要尽力做好孩子的榜样，因为父母的言行、举止、人品等都会对孩子产生直接影响。

一位教育家说："孩子是站在父母的肩膀上成长的，父母的高度决定了孩子的高度；父母能走多远，孩子才能走多远。"父母是孩子的良师益友，只有通过自己的人格力量才能获得孩子的钦佩和敬爱，才能让孩子在自己的教育中成为未来社会的精英。

02 家庭就是
   最好的课堂

亲子课堂

和谐的家庭是一家人相扶相携、共度美好生命旅程的驿站，是孩子感受亲情、健康成长、快乐生活的港湾。

家庭是培养孩子性格和树立孩子人生观的主要阵地，可以说是孩子的课堂。这个课堂的好坏直接影响着孩子的成长。所以，父母必须努力为孩子创造一个温馨、民主、和谐而又幸福的家庭环境，这是家长义不容辞的责任。

在全球引起极大反响的《窗边的小豆豆》是日本著名作家黑柳彻子的代表作，这本书的开篇描述了作为小学一年级学生的小豆豆为什么被学校开除的经过：

事情就发生在上个星期，妈妈被小豆豆的班主任老师叫去，听到老师明确地对她说："有府上的小姐在，整个班里都不得安宁。请您把她带到别的学校去吧！"

年轻漂亮的女教师又叹息着重复了一句："实在是没办法呀！"

妈妈吃了一惊，心想："究竟出了什么事？这孩子都干了些什么，怎么会把全班都搅得不得安宁呢？"

老师眨了眨弯弯的睫毛，一面用手抚弄着烫得朝里卷曲的短发，一面解释道："起初，正上课的时候，她总要把课桌盖开开关关地弄上无数遍。因此我就对她说：'没有事就不要老这样开来关去的。'于是，府上的小姐就把笔记本、铅笔盒、教科书统统塞进桌斗里，然后再一样一样地取出来。譬如听写的时候吧！府上的小姐首先把桌盖打开，把笔记本拿出来。紧接着就'吧嗒'一声飞快地把桌盖盖上。接着又马上打开，把头钻进去，从铅笔盒里拿出写'a'字的铅笔，再急忙关上，然后动笔写'a'

字。然而，她没写好，或者写错了，于是又把桌盖打开，把头钻进去取出橡皮，再关上桌盖，匆匆忙忙地用橡皮去擦，接着又以惊人的速度打开桌盖把橡皮放进去，再盖好桌盖。可是，她又马上打开了。我一看，原来只写了一个'a'字，就把所有的文具一件一件地收进桌斗里去了。先收铅笔，关上，再打开，再把笔记本放进去……就这样折腾来折腾去。而且当写第二个字母'i'字时，又是从笔记本开始，铅笔，橡皮……每当这时候，眼前就是开书桌，关书桌，令人眼花缭乱。可她毕竟还是有事时才这样做的，我也不好说不允许。不过……"

而小豆豆在上课时还有其他一些荒唐的行为，比如：站在窗口喊化妆广告宣传员过来表演、和窗户边的燕子说话、把图画画满课桌……后来，小豆豆的妈妈不得不带着她离开这所学校，去寻找一所"既能理解这孩子的性格，又能教育她和小朋友们一道学习下去"的学校。最后，小豆豆找到了一所奇异的、有趣的学校——巴学园，这个学校不仅能理解小豆豆的调皮个性，而且还能让她得到快乐的成长。

故事中的小豆豆最终找到了她的完美学校，可是，在现实生活中却有无数个"小豆豆"被老师推出校门，他们应该去哪里接受最好的教育呢？

家庭才是最好的课堂。孩子出生后，首先接触并受其影响的就是家庭环境。在孩子的发展历程中，家庭环境具有很强的影响力，我们每个人的心理品质或多或少都烙着家庭的印记。一个和谐、温暖、积极向上的家庭，可能铸就孩子健康的心理；反之，则极有可能给孩子幼小的心灵留下不可弥补的创伤。可见，家庭环境对孩子是非常重要的。

有许多家长抱怨找不到合适的学校，因此培养不出优秀的人才。其实，原因并不在学校，也不在孩子，而在于我们家长，家长不该把教育的责任完全交给学校，而对真正的课堂——家庭弃之不顾。

因为，学校并不是教育的诞生地，更不是教育的主导者。承担这一重任的一直是家庭。在人类没有学校出现和学校并不普及的阶段，是家庭一直承担着教育的任务。即使是在学校教育普及的今天，依然不乏依靠家庭教育培育出来的优秀人才。

大发明家爱迪生在小学时仅读了三个月就被老师斥为"低能儿"而撵出校门。他的母亲把他从学校领回家后，便承担起了教育他的任务。有一本传记是这样描述这个家庭学校的：春天，娘儿俩坐在屋门前，边晒太阳边上课；夏天，一面纳凉，母亲一面给他讲罗马帝国的兴衰，讲英国的演变；秋天，母亲又让他念上了《鲁宾逊漂流记》《悲惨世界》这一类古典文学作品；到了雪花飞舞的冬天，母子俩就待在屋里，烤着火，在化学和物理学上用心思。当母亲发现他特别喜爱物理和化学后，便专程上街给他买了本《派克科学读本》，这本书当时极有影响力，专讲物理和化学上的实验，有简单扼要的说明，有详细的插图。爱迪生就按照上面写的一个一个地做实验……

正是因为母亲为他创造了如此好的家庭教育，爱迪生才有了后来的成功！

每个孩子都是家庭的一员，和谐的家庭是一家人相扶相携、共度美好生命旅程的驿站，是孩子感受亲情、健康成长、快乐生活的港湾。孩子身心的健康成长，离不开和谐的家庭环境。所以，营造和谐家庭不仅是建设和谐社会的基石，也关系着每个孩子生命质量和幸福指数的核心问题。

03 孩子成长所需的两种最重要的精神特质：影响力和亲和力

亲子课堂

父亲的影响力和母亲的亲和力将促进孩子的成长、改变孩子的性格，从而实现孩子的梦想。

孩子的成长最需要的是什么？几乎所有的家长都会异口同声地回答："孩子最需要的是金钱和人脉。"的确，金钱和人脉是孩子成长中不可缺少的一部分，可以帮助孩子在激烈的就业竞争中占据一定优势。但真正能够让孩子幸福、让孩子具有真才实学的却是精神和能力。

父母在孩子成长过程中应该给予的两种最重要的精神特质就是：影响力和亲和力。北宋名臣司马光在晚年告诫子女，不要给后辈留太多金钱财富，他说："其若不贤，虽积金满室，又奚益哉！"我们从小便听过司马光砸缸的故事，当这个聪慧机灵的小孩变成家长时，他将一生的经验浓缩成为一句话：从小培养孩子的品德和当机立断的能力最为重要，而影响力和亲和力的培育很大程度上就蕴涵在品德教育当中。可惜，当今的父母往往只关心孩子的吃穿用行，而把品德教育搁置一旁。

完全有效的教育方式应该是身心健康。的确，孩子不仅仅要身体健康，也需要品德方面的健康发展。注重身体健康对很多家庭来说已经不是一件难事，但是注重孩子心灵健康的家长，在生活中并不多见。很多人身为父母，连精神教养的意义和方式都不清楚。许多家庭中存在着父爱缺失、母爱过剩的现象，这成为孩子精神成长中的重要障碍，实在是令人担忧。

我们来看一看社会对"成功人士"设计的标准像：

工作中，他有实战的能力，当团队遇到困难的时候，大家都把希望寄托在他的身上，并且相信他；他能够调动所有人的热情，让大家积极地面对困境，并同大家一起想办法来克服困难，最后用事实证明他没有辜负大家的信任。

生活中，他是一个幽默随和的人，让人信赖，乐于与家人分享。他敢爱敢恨，言出必行，关心朋友的生活，又保持礼节上的距离。他总是带来快乐，带走疑虑，身上充满魅力。在工作中他是主心骨，在生活上他是挚友知音……

这样的人太过完美，在现实中是罕见的。但是，按照"学其上，仅得其中；学其中，斯为下矣"的道理，我们培养孩子就应该朝着最高的目标努力，也就是期望他今后能够成为德才兼备、文武双全的成功人士。我们应该向成功人士学习，学习他们身上领袖的影响力以及朋友的亲和力。

影响力和亲和力是孩子成为杰出人才必备的两种气质，父亲的影响力和母亲的亲和力促进他的成长、改变他的性格，从而实现他的梦想。

父亲的爱可以为孩子构建一个宏大的世界，让孩子的心志丰盈、强大。但是，现在的很多父亲在家庭中扮演的只是"赞助商"的角色，孩子除了从父亲那里得到金钱之外，很难感受到来自父亲的关爱；母亲的爱是宏大世界里最温馨的风景，精致而美丽，是驱动孩子成长的润滑剂，能够减少孩子成长中遇到的痛苦和摩擦，滋润孤单的生命，然而太过注重生活细节的母亲们，却很容易让孩子缺乏独立性，成为只知享受的"小皇帝"。诸多的现实问题向父亲和母亲敲响了警钟，父亲的影响力、母亲的亲和力亟待回归！

04 说到做到，
对孩子信守诺言

亲子课堂 ···

父母要言而有信，才能赢得孩子的尊重和信赖。

一个晴朗的早晨，曾子的妻子梳洗完毕，换上一身干净整洁的蓝布新衣，准备去集市上买一些东西。她刚走出家门没多远，儿子就哭喊着追了上来，非要跟着一起去。孩子太小，集市离家又远，带着他很不方便。因此，曾子的妻子对儿子说："你回去在家等着，我买了东西一会儿就回来，你不是爱吃酱汁烧的蹄子、猪肠炖的汤吗？我回来后就杀猪做给你吃。"她儿子一听这话，立即安静下来，乖乖地望着妈妈一个人远去了。

曾子的妻子从集市回来时，还没跨进家门就听见院子里捉猪的声音，她进门一看，原来是曾子正准备杀猪给儿子做好吃的东西。她急忙上前拦住丈夫，说道："家里只养了这一头猪，只有过年时才杀的，你怎么拿我哄孩子的话当真呢？"

曾子说："在小孩面前是不能撒谎的。他们年幼无知，经常从父母那里学习知识，听取教诲，如果我们现在说一些欺骗他的话，等于是教他今后去欺骗别人。虽然做母亲的一时能哄得过孩子，但是，过后他知道受了骗，就不会再相信妈妈的话，这样一来，你就很难再教育好自己的孩子。"

曾子的妻子觉得丈夫的话很有道理，于是心悦诚服地帮助曾子杀猪去毛，剔骨切肉，没过多久，曾子的妻子就为儿子做了一顿丰盛的晚餐。

曾子的这种教育理念是现代所有父母应该学习的。父母要言而有信，才能赢得孩子的尊重和信赖。常言说"一诺千金"，父母对孩子信守承诺，是爱和关怀的高度表现。真正关爱孩子的父母，不会随便说话哄骗孩子。

在日常生活中，父母对孩子的承诺难免"缩水"，有许多父母不能够履行诺言。一旦父母因为一些意外无法履行自己的承诺时，要向孩子解释清楚，讲清道理，取得孩子的谅解。下面这个网友的故事，或许对父母有一些启示：

我的父母离异很久了，我从来没有怪过他们。爸爸很少来看我，偶尔来一次我都会觉得自己很幸福。妈妈给的零花钱我会存着，然后带爸爸去超市买东西。我跟爸爸会说心里话，也包括内心的许多不被外人所知的秘密，因为我觉得即使这个世界上没有朋友、没有可以信任的任何人，但父母是唯一的、绝对不会背叛自己的人。

但是今天我才知道，爸爸把我的很多事情都说给别人听了，然后那人打电话来问我妈妈。我不懂他为什么要跟一个外人说，而且那个外人还是会到处宣扬的那种人。我跟他说的时候，他还答应我不会告诉别人，是父女之间的秘密。

每个人都有无法诉说的秘密，这样的事也许别人无法体会，但对自己而言是重要的。选择跟自己亲人诉说，是为了给自己一份安心，结果却是这样。如果有一天，有更多人拿我重要的秘密来嘲笑我，我该怎么办？为什么这个世界没有可以信任的人？我只是想要纯粹地相信与自己血脉相连的亲人，这样错了吗？如果亲情都不能相信，还有什么可值得我们相信的呢？

对于孩子而言，父母是最值得信赖的。孩子的思维比较单一，他们比成人更看重承诺和诚信。如果家长对孩子许下诺言却不兑现，又没有任何解释说明，孩子便认为家长在撒谎，这时，无论家长再采取什么方式弥补，孩子都是很难接受的。

所以，在日常生活中，家长对孩子的许诺必须慎重、实在，让孩子产生奋发向上的动力，促使其更好地完成任务。家长在许诺前应考虑一下：该不该对孩子许诺，许诺后能不能兑现，这个许诺对孩子是否有益等。

信任是相互的，只有父母充分相信孩子，孩子才会相信父母。如果父母对孩子不信任，总是不让孩子按照自己的意愿来生活，不仅干涉了孩子的健康成长，更会直接导致孩子对父母的不信任，加剧父母与孩子之间的不理解，教育也就无从谈起了。

因此，为了让孩子相信自己，父母一定要言行一致，一旦对孩子许下诺言，就要说到做到，不要敷衍了事。另外，父母尽量不要在孩子面前说谎，如果父母当着孩子的面欺骗朋友或对方，孩子也会开始怀疑父母是否在欺骗自己。

05 素质培养，
身教胜于遗传

有什么样的父母，就有什么样的孩子。教育孩子的前提是教育自己。

"遗传"是指经由基因的传递，使后代获得亲代的特征。遗传最直接、最显著的影响是对孩子生理上的影响，包括相貌、身体素质和家族遗传病等。在孩子的心理世界中，遗传的影响力是非常有限的，还没有人能够十分肯定地说父母的素质、性格会遗传给孩子。但是，几乎所有的遗传学者和教育学家都很明确地表示：家庭的氛围对孩子性格的形成有至关重要的作用，父母的言谈举止直接影响着孩子的性格、习惯。

有一位妈妈是从事文字工作的，习惯于在晚上看书、写文章。妈妈伴着一盏孤灯，或捧书夜读或伏案疾书的身影在女儿幼小的心里埋下了乐于学习的种子。

受到母亲潜移默化的影响，女儿从小便远离电视，会写字以后每晚便坚持写日记或编故事。看到妈妈时常会收到稿费单，她竟然也产生了投稿的愿望，主动要求妈妈指点她如何写出好文章，如何投稿。后来，女孩刚上小学五年级就已有数篇文章在各类报刊发表，这一成果极大地激发了她的写作兴趣。

正如黎巴嫩诗人纪伯伦所说："如果父母是张弓，那么孩子就是弓上的箭。"父母其实就是孩子的镜子，父母的言行举止无时无刻不成为近在咫尺的孩子观察、模仿和学习的榜样。比如，当你带着孩子一同闯红灯时，孩子下次也会单独闯红灯；当你在公共场合随地吐了口痰，孩子也会随地吐痰；当你在禁止吸烟的场所吸烟，你的孩子成年以后也会在同样的地方吸烟。

然而，素质的培养绝不止于社会公德的基本教育，它还包括孩子的世界观、价值观、人生观的培养，以及树立远大的理想、懂得谦虚和尊重他人、能够从小事做起……这些更加崇高的概念，要变成孩子生活中的一部分，除了让孩子去亲身体会，就更需要父母的垂范了。

丰子恺一家人热情好客。有一次，待客到深夜还没有散场，孩子们都想回房间睡觉了，丰子恺趁着进房间取东西的时候，小声对孩子们说："大家都困了吧，是该睡觉了。但是我们的客人还在这里，我们家的每一个人都是主人，主人怎么可以先睡觉而扔下客人不管呢？大家打起精神，和爸爸一起去泡茶吧。"听了父亲的话，孩子们又打起精神，走出房间，和客人的孩子一起聊起天来。

要想培养一个高素质的孩子，父母就要在这方面做出表率，因为孩子在学习如何做人、如何处世时，大部分都是模仿父母。身教无声更育人，家庭虽然没有讲台、黑板，却是一所永不放假的学校；父母虽然没有备课笔记，却是孩子如影随形的老师！

很多人都相信父母的素质影响着孩子的素质，比如知识分子家庭的孩子往往彬彬有礼，而"暴发户"家庭的孩子却常常欠缺礼貌教养。的确，家长自身水平的高低对孩子有着至关重要的作用，但是这个关系并不是建立在遗传基础上的，而是生活中的耳濡目染使然。

为人父母，不仅要将身体健康的孩子带到这个世界，更要将心理健康的孩子送入社会，而要做到这些，父母首先要身心健康。因为有什么样的父母，就有什么样的孩子。教育孩子的前提是教育自己。

06 父母为孩子
做道德上的榜样

亲子课堂

　　父母是孩子的老师，父母的一举一动，孩子都看在眼里，也会去效仿父母的做法。

有一个小孩子犯了错误，被姥姥说了几句，一着急张口就冲姥姥喊道："别啰嗦了，老太婆！"妈妈在一边听到了，大吃一惊，生气地指责他："你怎么可以这么说姥姥？太没礼貌了！"

孩子不服气地说："怎么没礼貌了？你不就是这么叫的吗？"

妈妈生气地说："我什么时候管姥姥叫老太婆了？没有教养的人才那么说话！"

孩子大声地说："对姥姥你当然不会这么叫了，可是你在家里就是这么称呼奶奶的！"

妈妈听了孩子的话，顿时哑口无言。

这位妈妈不但在处事上给孩子留下了一个负面的印象（对待奶奶和姥姥的态度上很不公平），更在道德上为孩子树立了一个非常差的榜样。父母千万不要认为孩子年龄小，就什么都不在乎。其实，孩子的观察是很仔细的，他们对父母的行为也有一定的判断力。

父母是孩子的老师、榜样、楷模，父母日常生活中举手投足间的小事，对孩子心灵的成长都起着潜移默化的影响。孩子们正在学习做人，性格上具有好追求、易模仿等特点，父母日常的言行，都会在他们的心灵中施行教化。在孩子成长的过程中，父母是生活中的第一任老师，孩子往往是父母的影子。可以说，父母的人生观、价值观，每时每刻都在悄然地影响孩子；大人们的思想境界、道德情操、为人处世的方式方法，事事处处都在点点滴滴地塑造孩子的心灵。

想让孩子成长为一个道德高尚的人，父母首先就要做好这个方面的榜样，父母是孩子的老师，父母的一举一动，孩子都看在眼里，也会去效仿父母的做法。当丈夫在家时，你却对打来电话的人说他不在，你就教会了孩子说谎；如果你在公共场所扔垃圾，那么你在无形之中就教会了孩子乱扔垃圾的习惯；如果你大喊大叫着别人的名字，那你也教会了孩子没有礼貌；如果你对孩子动怒，孩子就会对别人动怒；如果你对不小心得罪了你的某个人说了些脏话，你就等于在教孩子说脏话。

道德品质，即品德，是一种个体现象，它是社会道德在个体身上的表现。一个人依据一定的道德准则行动时所表现出来的某些稳固的特征，便是他的道德品质。一个人的品德如何，对其人生具有重大的意义。中国父母自古以来就非常注重培养孩子良好的道德品质，"孟母择邻"千古流传，就是一个极好的事例。

孟子少儿时，父亲就去世了，母亲仉氏很有见识，她很注重对孩子的思想品德教育。有一次，邻居家里宰猪，孟子听到猪叫声就问母亲说："东家杀猪干什么？"母亲笑眯眯地逗哄儿子说："是为了让你吃猪肉呗！"随后，母亲马上意识到如此逗哄孩子等于自己对孩子说了谎话。为了培养孩子诚实、不撒谎的好品德，首先要为孩子树立良好的榜样。于是她便花钱向东家买了几斤猪肉，以证实自己说过的话是真实的。类似的事情还有很多，她就是这样依靠正当的言行潜移默化地去诱导，教育孩子健康成长。

如果说错误的果子是孩子结的，那么错误的种子就是父母种的。要想培养出一个心胸宽广、仁爱有礼的好孩子，父母们一定要在这方面做出表率。

鲁迅曾说过："道德这事，必须普遍，人人应做，人人能行，又于自他两利，才有存在的价值"。为了孩子，每个父母有责任加快改造自己；为了孩子，每个父母有责任约束自己的言行；为了孩子，每个父母都有责任于细微处做起，重视素质修养，提高行为品位。唯有父母对道德有鲜明的观念，对是非有清晰的界限，对善恶有明确的区分，并且在生活中做好孩子的楷模，孩子们才能更好地"做个有道德的人"。而孩子们的身心健康，也是每个父母理应具有的希望和期盼。

07 积极加入孩子
的日常生活

亲子课堂

加入孩子的日常生活，不仅能够帮助孩子发展自我，而且可以培养孩子的创造力。

烁烁的爸爸用积木搭了14层高的"摩天楼"，烁烁也想尝试。可是第一次她只搭到6层就倒了，第二次也只是到8层。第二天，她已能搭到10层。第五天她搭到了13层，可接下来的日子就停滞不前了。一次次失败，又一次次推倒重来，超过爸爸的信念鼓舞着她不懈地努力。有一天，爸爸问她："超过我没有？"她歪着头惋惜地说："没有，可是我都努力了呀！"爸爸赶紧趁热打铁："你说得对，做得也对，虽然暂时还没有成功，可是你努力去做了，总有一天会超过爸爸的。做别的事也是这样，包括你的学习。"

一位儿童教育专家说："儿童每天工作的目的，就是要创造出他将来要变成的那个成人。成人工作的目的，是要使环境更完美；儿童工作的目的，则是要使他自己更完美。"

烁烁喜欢玩积木既是孩子的天性使然，也是她工作的目的。而烁烁的爸爸在对待孩子的"工作"上，态度及其行为都是正确的，值得我们家长借鉴和学习。这是因为这个爸爸完全遵循了孩子成长的需要——维护孩子对这些活动的兴趣，又同孩子一起去做这些活动。

孩子们喜欢他们的工作，视自己的工作为日常工作中"重要的、必不可少的"一部分，而这一部分不仅帮助了孩子发展自我，而且在培养孩子的创造力等方面，起到了十分突出的作用。

一个好父母必然能够积极地融入孩子的"日常生活"中。我们可以依据孩子的不同情况，采取不同的融入孩子"日常生活"的方式。

比如一个2～3岁的幼儿，我们父母必须先学会关心他，然后再延伸为关心他的环境和他喜欢做的"工作"。我们可以教他如何照顾自己，如洗手、洗澡、洗头，并要学会自己穿衣服、脱衣服、整理衣服等等。当孩子稍大一些，父母就把重心移到关心孩子生活环境上去，如打扫庭院、清洗地板、布置餐桌、擦亮门把手、浇花、除草等等。再大一点，父母就可以着重发展孩子的"社会关系"，教孩子打招呼、提供帮助、接受帮助、道歉、道谢等。

父母融入孩子的"日常生活"中去，还包括指导孩子如何练习和训练属于他自己的"生活"。可以先让孩子从简单的事情开始着手，然后再进行复杂的练习和训练。要因人而异，循序渐进、循循善诱。比如，我们可以教孩子在室内"建设"一个小花园，或者养小动物、种植一些观赏性植物、构造一个小小游乐设备并加以维护……让这些东西不仅成为孩子实际生活的一部分，也能为他们带来其他的"日常生活"的经验。

如果父母真正地加入了孩子的日常生活，当孩子进入一个全新的环境，开始探索新鲜事物时，一定会发现一些活动模式是自己熟悉的，是自己曾经在家里看过及做过的，能够轻松愉快地接受并完成。这就是作为父母的加入孩子"日常生活"的意义。

08 成功教育孩子
的秘诀

亲子课堂 ······················

让孩子像野花一样自然地成长吧，这才符合孩子成长的规律。

著名文学家冰心老人说："让孩子像野花一样自然生长。"这是她在儿童教育方面的一个观点，这种观点对我国的儿童教育，特别是家庭教育方面是有深远意义的。如果对孩子的教育方法不当，就会在浑然不觉中扼杀了孩子的天性。对孩子进行成功教育的秘诀就是保护好孩子的天性。

孩子的思维主要是单项思维占优势，而正是单向思维使孩子不断地丰富认识，积累经验，产生智慧。有些微不足道，甚至非常可笑的事情，都会引起孩子的注意力，并表现出极大的兴趣。下面这个例子正说明了这一点。

一个孩子走在街上，突然驻足，盯着正在执行浇树任务的汽车观看。他在想：汽车为什么会流出这么多的水？水从哪儿来的呢？所有的汽车都能流出那么多的水吗？是不是树也口渴了，需要喝水？树也把水喝到肚子里去吗？树的肚子在哪里？

这时，孩子的妈妈没有生拉硬扯地要孩子离开，也没有因为孩子耽误了时间去批评孩子，妈妈知道这是孩子的天性使然。于是，妈妈耐心地给孩子讲解了浇水车的用途和树成长所必需的养分。

一天，孩子掏出口袋里的几颗小石子、几张揉皱了的画片，对妈妈说："这颗石子像小猫，这颗石子非常像娃娃。这些带花纹的石子一定是雨花石。"聪明的妈妈就为孩子找到了真正的雨花石，让孩子与一般石子进行比较。当这个好奇的孩子放学带回来一棵小草，他学着大人的样子把小草种在了花盆里，并且给它浇水，弄得满手满身都是泥，甚至把屋子也弄脏了。孩子的妈妈与孩子一同观看种在花盆里的草，没有责备孩子弄脏了屋子，而是与孩子一起参与其中。

例子中妈妈的做法值得我们每一个父母借鉴。把握孩子的天性，对其正确引导，才能使孩子走上积极的人生道路。但是，总有一些父母极力想把孩子教育成规规矩矩、老实听话的人，希望孩子长大后过上宁静的生活。但这种教育方法所带来的弊端是完全束缚了孩子自由的天性和创造力，孩子很多有趣的想法和创意也会被这种教育方式扼杀。孩子们一旦长期生活在这种教育模式下，慢慢地就变得毫无生气，没有自己的想法和观点，最终可能会成为碌碌无为的庸人。

所以，让我们做父母的把两只紧紧束缚着孩子的手松开一只，还给他们一个自由、宽松的成长空间，让他们在大自然中轻松地呼吸，像野花般争奇斗艳，茁壮成长。

第二章
让优秀成为孩子的习惯

　　与我们应该成就的相比较，我们不过是半醒着。我们现在只利用了我们身心资源的一小部分。从广义上说，人类的个体就这样生活着，远在他可以承受的极限之内；他有各种力量，只是习惯于不去开发利用。

——【美国】威廉·詹姆士　心理学家

01 好习惯来自
日常培养

亲子课堂

好的习惯是绝大多数人迈动双脚的动力，它对成功的影响力不可小觑。

曾有一位哲人说："播下一种习惯，收获一种性格；播下一种性格，收获一种命运。"教育的本质可以被简单地归结为一句话：培养孩子良好的习惯。而好习惯的培养，则来自日常生活中的点点滴滴。

地铁进出站的上下扶梯上划出了一道黄线，分出了急行及站立两个区，左边的是急行区，右边的是站立区。不赶时间的人站在站立区，按正常速度上下滚梯。有事的人可以在急行区先走一步。

如果乘电梯或步行上下楼梯时，每个人都能够遵守规则靠右行进，既给了自己一种安全感，也可以避免与他人相撞，实在是一种利人又利己的好习惯。据报道，上海市就曾发生过这样的事情：一个小学生就是因为在上楼时不小心与其他下楼梯的同学相撞，滚到了楼梯下，结果使脾脏摔裂而不得不切除，造成了五级伤残……

生活中经常听到一些父母抱怨自己的孩子："我的孩子很多方面都不错，就是不太讲卫生，衣服天天换也会赃得不像样，上小学的时候如此，上中学了也没见有什么转变。"

"我的孩子在小时候，专挑好的、他喜欢的吃，不许别人动筷子，否则就闹个没完没了。现在上中学了，每当自己有好吃的东西，也是一个人独享，从不拿出来给父母。这毛病真让我们父母心里难受！"

常言道："天下没有不任性的孩子。"孩子自私、任性、不讲卫生、不遵守公共秩序等，其实都是从小没有养成这些方面应当具有的良好习惯。当孩子刚刚出现这些表现时，我们当父母的，要么是听之任之，迁就姑息，视而不见，以致产生了这样的结果；要么是过去一段时间里，由于家庭教育中的种种懈怠而放松了对孩子这些方面的教育。无论是哪一种情况，一旦孩子有了这样一些表现，都给我们当父母的敲起了警钟：一定要及时纠正，循循善诱，防患于未然。

众所周知，好习惯都是培养、训练出来的。孩子习惯的养成，并不是一朝一夕的事情，是天长日久的结果，尤其是在长期的日常生活中培养的结果。

拿前面的例子来说，从小就要培养孩子良好的生活习惯。而教育孩子做人不能靠说理、说教，这种方式很难让孩子接受。比较可行的方法应该是发现孩子的良好表现时，通过表扬的方法巩固孩子的良好行为，进而培养孩子的良好习惯。

与此同时，父母应该在日常生活中注意尽量消除妨碍孩子形成良好习惯的一切消极因素，放纵、姑息、迁就是一切不良习惯的根源。有的父母见孩子喜欢吃什么，就不允许家中其他人再吃，这样无意间就导致了孩子以自我为中心的思想和利己主义。于是孩子就对好吃的东西进行垄断，不许别人沾边。

有句话说：勿以善小而不为，勿以恶小而为之。孩子一旦有了这些不良习惯，父母必须及时进行批评，指出这种行为的错误。反之，如果发现了这种苗头，父母却一再姑息，最终将会酿成更大的错误。这就是为什么说，爱必须是严格的。严才是爱的表现形式之一。没有真正严格的要求，也就不会有真正的爱。正所谓"爱之愈深，责之愈切"。严格要求孩子，就是在他们懂得道理的基础上，向孩子提出合理的要求，并且在生活实践中坚持执行。

当然，严格要求孩子说起来容易，做起来可没那么容易。主要原因就是父母总喜欢或容易原谅孩子，认为"孩子毕竟还小"，对孩子的一些坏习惯或行为与言论给予宽容，而不能够真正及时地纠正或指出。做父母的教育孩子一定要懂得爱就必须严的道理。

其次，在培养孩子良好的习惯时，必须要有连续、连贯性。当我们固定某一个人负责培养教育孩子的时候，教育的连贯性比较容易做到。当一个孩子由周围或家庭里几个人，包括妈妈、爸爸或奶奶几个人同时负责培养时，就会因为每个人有各自不同的观点，没有统一的认识，在培养孩子上就会步调不一，宽严不一。具体表现就是许多家庭中常出现母亲与奶奶或爷爷的矛盾的现象。母亲想严格要求孩子，爷爷、奶奶却要庇护孩子。妈妈严格管教，爷爷、奶奶就会埋怨好半天。

因此，培养孩子的良好习惯是一个细致艰巨的工作，需要我们当父母的有持之以恒的精神。

在我们周围，有些孩子有着不爱整洁、对大人没有礼貌的毛病。有的甚至动辄抢别人的东西，或者伸出小手打人。孩子的这些不良行为，其实都是我们大人，作为父母或爷爷、奶奶不注意教育方式而纵容出来的。面对孩子的这些行为，一些父母不但不立即纠正，有的父母反而鼓励孩子："打，打爸爸！"或"打，打叔叔！"有的父亲或爷爷，为了逗孩子，甚至当狗爬，或当马让孩子骑，让孩子模仿电影或电视中一些小皇帝或皇太子骑太监的镜头。本来是应该纠正的错误行为，却被公然拿来让孩子学习仿效。这样当然不能教好孩子，只会把孩子培养得无礼、霸道，以至最后成为社会上的害虫。

培养孩子的好习惯，更要让孩子亲自动手。一些现代教育专家纷纷指出，现在的孩子之所以养成一些不良行为和习惯，大都是远离劳动的结果。如果父母能够有意识地安排孩子做一些力所能及的劳动，这对培养孩子良好的行为和习惯大有帮助。

比如，父母做事时，吩咐在一旁的孩子拿工具等一些小事；生活中让孩子帮助打扫卫生、收拾桌子、浇花等一些力所能及的事情。另外，可以让孩子到邻近商店购买一些简单的东西或寄信等。大一点的孩子，可以锻炼他洗自己的内衣内裤，以便培养孩子的劳动习惯和独立生活能力。

全家人生活在一起，本应当相互分担日常生活中的家务。相互关注、体贴和帮助，这些都对孩子的情感发展和社会交际能力的发展有很大的帮助。父母应该让孩子懂得：他的父母为了全家的幸福、为了生活是怎样工作和劳动的，进而促使他产生帮助父母的良好愿望。

遗憾的是，我们许多父母都没有认识到这一点。他们认识不到教会孩子，尤其是从小教会孩子帮助父母做家事是培养孩子劳动习惯和劳动感情的主要和基本途径。甚至有些父母存在这样错误的观念：这些家务事自己还可以做得了，还年轻，不是老得动不得，不必去让孩子分担或代劳。有的父母还认为孩子将来反正有做不完的事，操不完的心，就让孩子童年和少年时期多玩儿一点，自己多做一点。另一种糊涂思想是有些母亲做事特别认真，她们总觉得孩子做不好。孩子扫过的地，她们认为没有打扫干净，自己还要打扫第二遍。孩子洗过的碗或手帕，她们认为没有洗干净，自己还要重洗。与其这样，不如干脆自己动手，还省事些。孩子不会做事，正需要学习做事。孩子没有经验，也没有实践，当然不可能一开始就做得那么好。正因为做得不好，才需要父母给他教育、锻炼的机会。而恰恰这一点，那些父母却忘记了或者忽视了，或者是缺乏耐心。结果，家中事务一切由父母包办，在年轻时，不需要帮手，他们还能一切代劳；到了中老年后，精力体力衰退，需要帮手时，孩子却又因为没有养成劳动习惯，不会做事。这类事情在我们的生活中屡见不鲜。

习惯于一切由父母代劳，孩子就会养成好逸恶劳的恶习。没有劳动习惯，不热爱劳动的人，就不会有吃苦耐劳的精神。当孩子走进社会，一旦生活突然上发生什么变故，他们就会对生活丧失信心，最终受害的还是孩子，而罪魁祸首就是我们这些父母。

　　要想把孩子教育成一个真正对社会有益的人，父母必须花大气力，在日常生活中，时时关注、培养孩子的良好行为习惯。注意孩子的言行表现，从小培养引导孩子良好的道德习惯，注意孩子的品德教育，把任何不良习惯消灭在萌芽阶段。

　　哈佛大学教授皮鲁克斯说："好的习惯是绝大多数人迈动双脚的动力，它对成功的影响力不可小觑。对于青少年来说，一定要及早养成更多的好习惯，驱除坏习惯的侵扰。"所以，父母对孩子生活上的某些小节绝不能忽视，要随时纠正孩子的不良行为。当然，在整个培养和纠正的过程中应该坚持以鼓励和表扬为主，注意孩子微小的进步，及时加以肯定，让孩子自己看到自己的进步与成长，珍惜自己的变化，并用自己的积极因素去克服自身的缺点，从而在日常生活和学习中养成良好的个人习惯。

02 诚信是做人的根本

亲子课堂

　　诚信的孩子善良乐观，交际能力强，朋友圈子广，从而成长更为顺利。

　　作为农场主的父亲告诉儿子，花园里的房子已经很破旧了，最近要准备拆除。儿子听了很高兴也很好奇，就对父亲说："爸爸，我想看看工人们是怎么拆除房子的，但是我马上要准备回学校上学了，能否等到我放假了再拆除？"父亲看儿子表现出极大的兴趣，于是答应了他的要求。

　　但是没过多久，就在他儿子还在校园里上学的时候，这位父亲就自己雇请了工人，把破旧的房子拆除了。儿子放假回来就看不见房子了，他闷闷不乐地埋怨父亲："爸爸，你答应我的事情，怎么不讲信用呢？我在学校查阅了相关的资料，正准备好好学习实践呢！"

　　没等父亲开口说话，儿子继续说："你可是答应过我，要等我放假回来再拆除那座房子的。"父亲见孩子认真的样子，很真诚地对儿子说："儿子，我应该兑现自己的诺言，请你原谅我，好吗？我错了。"

　　父亲为了重建诚信，重新雇请工人，在花园里原来旧房子的地方，重新造了一座新的房子，当房子建好的时候，他当着儿子和工人的面说："我们一起拆掉这个房子吧！"

　　这位父亲并不富有，但为了在孩子面前表现自己的诚信，还是重建了已经拆除的房子。他不仅仅是为了满足对儿子的许诺，更是为了对自身的道德标准进行完善。父亲用这样的方法，告诉孩子诚信的重要意义和不讲诚信的严重后果。

　　这就是总统福克斯的故事。诚信如此重要，因而也是我们家庭教育中不可或缺的一课。诚信是一个身心健康的人长时间坚持修炼养成的良好习惯，诚信是孩子健康成长的前提条件和必备基石，诚信可以促进孩子智力和能力等方面的发展。诚信的孩子善良乐观，交际能力强，朋友圈子广，从而成长更为顺利。

诚信是做人的根本，不讲诚信，难以在社会上立足。今天，我们做家长的应让涉世不深的孩子懂得，人活在世上，必然要和周围的人打交道，而人与人之间的关系与友情，需依赖信用维系。从古至今，人们往往痛恶尔虞我诈、轻诺寡信的行为；崇尚"言必信，行必果""一言既出，驷马难追"、说话算话的君子作风。唯有诚信的人，才能得到别人的信任和尊重。

那么，父母应该如何培养孩子的诚信品质呢？

第一，要孩子言而有信，父母必须身体力行。身教胜于言教，父母在教育孩子诚信的同时，首先要对孩子言而有信，许下的承诺要兑现，诚实无诈。父母是孩子的第一任老师，也是孩子的镜子，而孩子是父母的影子，父母的一举一动直接影响到孩子的将来。要孩子言而有信，自己必须身体力行。

第二，对孩子要正确引导。教育孩子对别人要讲信用、负责任，答应别人的事要兑现；如果不能兑现，应诚恳地说明原因，表示歉意。教育孩子在答应别人之前，要慎重考虑自己有没有能力和把握做到，不能做到的，就不要轻易答应；比较有把握做到的，也应留有余地，不要大包大揽。

第三，在父母的鼓励下养成守信的好习惯。父母平时多观察孩子的行为，一旦发现孩子做到了诚实守信，就应该加以肯定和表扬，慢慢地，孩子就会逐步养成诚信的好习惯。

03 节俭是孩子
要学习的美德

亲子课堂

自古以来，成由节俭败由奢，父母一定要教育孩子懂得这个道理。

某教师教导学生生活要朴素，不要在生日聚会大摆宴席，广邀同学，谁知，学生却说："那多寒酸啊！岂不是丢了我的面子，伤了我和朋友的感情吗？"

某家长拿起一只用完的牙膏壳，随口说了句："卖到废品回收站去。"谁料，孩子竟然一把夺过扔出窗外，回了一声："小气！"

在某所小学里，教师和校工在校园内捡拾的物品堆满了一间屋子，大至皮夹克，小至铅笔、橡皮。学校多次广播要求学生去认领，却没有人前去。在一次家长会上，校领导讲了这件事，最后只有几位家长带着孩子去认领，其他物品仍旧堆放在屋子里无人问津。

某校餐厅，同学们端着自选的三菜一汤不锈钢快餐盘陆续就餐，但是很多同学鸡腿咬几口，蔬菜挑几筷，饭也没见怎么动，就算吃完了，然后各自端起餐盘走到食堂门口往泔水桶里一倒，盘子往边上桌子上一搁，一顿中饭就算结束了。

随着物质生活水平的提高，现在很多孩子生活在衣食无忧的环境里。他们从来不知道生活的艰辛，花钱大手大脚，吃饭挑肥拣瘦，再完好的衣服也不肯多次穿。孩子养成浪费的习惯，父母的反应往往是抱怨过后，迁就继续。

一些权威的教育专家们有着这样的质问："一个没有节俭习惯的孩子，长大后他可能热爱自己的工作吗？"在这些负责任的专家们眼里，节俭与勤劳是紧密相连的。很难想象一个不懂得爱惜东西、珍惜金钱的人会热爱自己的工作。

无论家中条件是否优越，都要有节俭的美德。一个奢侈成风、懒惰成性的人不可能取得事业上的成功。大凡事业有成的人，他们都是勤劳节俭之人，他们通过自己的努力适时储备了人生的第一桶金。

一个小学二年级的孩子说："我妈妈一天给我30元，除中午吃饭之外，剩下的钱买饮料。"一天30元，一个月就是近千元！孩子的浪费现象和鄙视节俭的作风由此可见！

从对孩子的教育上来看，这其实是一个勤劳节俭的问题。从某一点上来讲，暴露了我们对孩子的勤俭教育做得相当不够。

节俭是中华民族的传统美德，也是优良传统。可是看看我们今天的孩子，他们的学习用品不断更新，书包要上百元至几百元的，铅笔盒也是奇巧无比、花样翻新，少则几十元一个，多则甚至上百元。孩子用的钢笔、铅笔、圆珠笔都要高档进口的，互相攀比……在他们的脑海里，也许从来就没有节俭这个概念。

据有关方面报道，目前青少年犯罪率呈上升趋势，不少学生从小娇生惯养，沾染上了花钱如流水的坏习惯，以致到了经济拮据、无以为继时，从小偷小摸开始，逐步沦为罪犯。这些事例足以使我们父母深思！

贝多芬曾说："把美德、善行传给你的孩子，而不是留下财富，只有这样才能给他们带来幸福。"我们想把孩子培养成开创未来的新人，就很有必要、也必须让孩子从小养成勤劳节俭的好习惯。

怎样才能培养孩子勤俭的习惯呢？

教育专家们普遍认为：父母不要一味地满足孩子的每一个愿望和要求。只要是孩子看到的和喜爱的东西，当父母的无条件地给孩子去买，这种做法是极其错误的。孩子该想到的不只是他自己，还应该想到别人，至少应当想到家庭中的成员。这一点看起来很简单，却常为许多父母所忽视。许多父母总是千方百计满足孩子，孩子要什么就给他什么，不但自己主动地让出自己应有的一份，还要求家庭中的其他成员也都让出应有的一份给孩子。这样的父母，偏偏没有想到孩子的要求是可以发展的，也是无尽的。你今天满足了他这个要求，他觉得有求必应，于是明天又提出新的要求。这样做无意中纵容了孩子，培养了孩子的利己主义思想。日久天长，不但养成了孩子不尊重别人和不尊敬长辈的坏习惯，而且，在达不到目的或愿望得不到满足时，他们还可能由失望转变为消沉。

培养孩子的节俭美德，父母在教育孩子时，至少要让孩子树立这样一些基本观念，以帮助孩子形成良好的节俭的生活作风：

第一，让孩子知道家庭生活富裕的原因。

多数家庭生活富裕，除了时代的有利因素外，无不凝结着父母的辛劳。正如著名作家冰心说的那样："成功的花，人们只惊慕她现时的明艳，然而当初她的芽，却浸透了奋斗的泪泉，洒遍了牺牲的血雨。"父母要有意识地让孩子了解家庭富裕的成因，使孩子懂得一粒米、一滴水、一度电都是辛勤劳动换来的，父母供他的衣食住行的所需费用都是花费心血挣来的，动之以情，晓之以理，让孩子懂得今天的生活是来之不易的。

第二，锻炼孩子的生存能力。

父母要尽可能地让孩子走出家庭的围城，让孩子充分认识当今社会充满竞争的现实，促使孩子在激烈的竞争中学会自立、自强，逐步养成不依赖父母的生存意识。美学大师朱光潜曾经说"有钱难买幼时贫"，这并不是让孩子过"苦行僧"的生活，而是为孩子创造节俭的环境，逐步克服骄奢之气。

古人云："成由勤俭败由奢。"孩子一掷千金，将来事业难成。为了孩子的将来，父母在教给孩子勿忘奋斗的同时，还要教给孩子一种节俭的美德，这才是孩子一生可用的财富。

04 对孩子进行爱心教育

亲子课堂

　　爱是人类最伟大的情感，如果一个人缺乏爱心，那他自己也很难感受到爱的幸福。

在一次自然灾害后，一所小学鼓励学生踊跃捐款。老师对学生们说："同学们，如果我们每个人都捐出自己的压岁钱，那么灾区的小朋友就有饭吃了，不用再挨饿；就有被子盖了，不用再受冻。如果我们早一点儿拿出自己压岁钱，早一点儿把捐款送到灾区，那灾区的人们就会早一分钟脱离困境！"孩子们听得非常认真，下午放学后，学生们纷纷捐出了自己的压岁钱。其中一位小学生捐出了他所有的压岁钱，足有500多元。

然而，这个学生回到家中却遭到了妈妈的批评。妈妈埋怨他说："这么多钱你平时自己都舍不得花，怎么一下子全都捐出去了呢？再说，这么大的事你也不等妈妈回来商量一下就自己做主了，这怎么可以呢？"

不料，小学生突然难过得哭了起来，他哽咽着说："老师说了，早一分钟捐出来，灾区的小朋友就能早一分钟吃到东西，我想让他们少挨一会儿饿！"

妈妈一下子被孩子心中的悲悯之情所打动，她抱着孩子温柔地说："孩子，你是对的。是妈妈错了，妈妈太小气，你是个有爱心的好孩子，妈妈支持你！"

爱心是人类最光辉灿烂的人性，最崇高伟大的品德。家长千万不要认为，给孩子提供丰厚的物质生活，就是对孩子最大的爱。父母给孩子带来优越的生活，同时要赋予他一颗仁爱之心，教给孩子友爱、善良、宽容、感恩。对孩子进行爱心教育，就是阻止孩子以自我为中心，在孩子幼小的心灵中播下爱的种子。

爱是人类最伟大的情感，如果一个人缺乏爱心，那他就永远不会幸福。孩子对于爱的感受最自然、最丰富、最纯洁。爱是孩子健康心理和培养孩子的社会责任感的准则，是孩子健康成长和整个人生幸福最必不可少的元素。爱，是最好的教育，可以改变孩子的性格与态度，可以改变人的一生。

在孩子小的时候，培养他们的爱心和责任心是非常必要的。很多父母为了培养孩子的爱心，陶冶他们的感情，在家里养一些花草、小动物或者带孩子参加慈善活动，培养孩子的爱心，并教育孩子要热爱生命，热爱生活，从而培养孩子对事业和社会的责任心，这些做法是值得称赞的。通过这些去启迪孩子的爱心，鼓励孩子扶持弱小，爱护生命。

德国著名哲学家黑格尔曾经讲到过爱的产生有两个环节：第一个环节是"我不欲成为独立的、孤单的人"；第二个环节是渴望获得"他人对自己的承认"。对孩子进行爱心教育，父母需要注意以下几个问题：

1.不让孩子怕父母。爱不是天生的，要让孩子爱父母，父母首先应该爱孩子，而不是给孩子以害怕的感觉。爱也不是溺爱，爱的基础是尊重和理解。

2.父母要表达自己的爱。拥抱孩子，对孩子说出父母爱他，多与孩子沟通交流；在他们不开心的时候，给他们温暖；在他们困难的时候，给他们鼓励。父母对孩子表达的爱，孩子是会记在心里的。

3.父母之间彼此相爱。父母恩爱有加，会在孩子的内心播下温情的种子。父母之间相敬如宾，互相体谅，教育出来的孩子也会有类似温和的性格。

05 如何阻止
孩子发脾气

亲子课堂

　　如果父母不注意自己的品德和修养，动辄破口大骂、摔摔打打，孩子耳濡目染，也会养成乱发脾气的坏习惯。

　　一天晚上，一家人正在看电视，安宁突然想吃冰激凌。已经很晚了，商店都关门了，爸爸妈妈试图跟他解释，劝他明天再吃。然而，安宁的脾气却上来了，他倒在地上大声叫喊，用头撞地，用手到处乱抓，用脚踹所有够得着的东西……

　　爸爸妈妈被气得不知道该说什么，他们努力克制自己的火气。

　　安宁已经叫喊半天了，他奇怪地发现，居然没有人理他。于是，他又重新按他刚才的"表演"闹了一番。这次爸爸妈妈坐了下来，静静看着儿子，没有任何语言和动作。

　　安宁不服气地又开始了第三次"表演"，然而爸爸妈妈还是没有任何表示。最后，安宁大概也因为哭叫的累了，而且也没有什么作用，便自己爬起来，回房间睡觉去了。

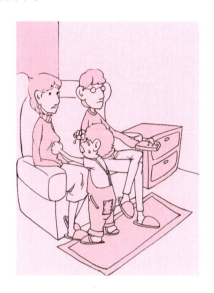

从此，安宁再也没朝别人乱发脾气，安宁的乱发脾气因为没有得到强化而自然消失了。

孩子的感情非常脆弱，他们无法控制挫折等不顺心的事而产生的心理负担，又不知道如何排解，只好通过发脾气来发泄。可以说发脾气是孩子在成长过程中的必经之路。孩子发脾气时，家长要采取相应的处理措施，以防事情恶化。

孩子发脾气不是无缘无故的。我们太多的父母，只看到孩子发脾气的表现，却从不去探究一下其原因，也就无从谈到如何去解决了。

大多数孩子发脾气的原因归结起来有两点：第一是孩子的需要没有及时得到满足。这些需要，有些是心理上的，比如，孩子想买一个玩具，因为别的孩子有那样的玩具。有时则是生理上的，比如，病了不舒服，而父母又不是十分的重视等等。而作为父母一定要分析孩子的需要是否合理，既不要忽视孩子的心理、生理需要，也不能让孩子的需求感变成贪婪欲。

第二是孩子遇到一点困难、挫折不知道如何解决。比如，考试没有考好，被老师批评等，这时，父母要多鼓励孩子，帮助他们从正面解决问题。

如果孩子发脾气，应该采取什么样的对策呢？

孩子发脾气就向他"投降"是最不可取的教育态度和教子方法。当孩子乱发脾气时，父母要保持冷静，绝不能单纯地以奖励或惩罚的手段去对待，应该想办法让孩子懂得发脾气既得不到什么也不会失去什么。例如，孩子因为不想吃饭而发脾气，脾气发完之后，饭还是要吃的，这个道理父母必须为孩子讲清楚。

当然，更重要的是我们当父母的，要时刻注意自己的修养，以身作则，让孩子把我们当成榜样！孩子脾气暴躁在很大程度上受到周围环境的影响，如果父母不注意自己的品德和修养，动辄破口大骂、摔摔打打，孩子耳濡目染，也会养成乱发脾气的坏习惯。

有经验的父母处理孩子发脾气的方法，总结起来不外乎有三种：第一，当孩子发脾气的时候，与其对孩子大声斥责不如对孩子和风细雨更见成效；第二，找到孩子发脾气的原因，然后对症下药，彻底根治孩子的坏脾气；第三，根据孩子每一次发脾气的具体表现，采取恰当的处理方法；第四，父母以身作则，在具体的生活中言传身教，规范孩子的行为。

在这些行之有效的方法中，很显然，第一条"和风细雨"最重要，它是父母处理孩子随意发脾气的基础和前提。

但这一条在实际操作中并非容易。面对孩子莫名其妙的发脾气，有几个父母能够做到"和风细雨"呢？很多父母常常也控制不住自己的情绪，大声地训斥孩子，以为大声训斥声势大，效果佳。其实，这种做法只是父母一种无能的表现，不仅收效甚微，甚至会适得其反。经常会出现这样的一幕：一边是父母大声地斥责孩子，其声音足以掀翻屋顶上的瓦片；一边是孩子的无动于衷，冷漠得犹如一张风干的牛皮。

其实，大声训斥会使孩子处于高度紧张状态，父母训示的道理，孩子往往听不进去，因为震怒会干扰孩子的正常思维和判断，从而不能达到预期的教育效果。长此以往，还容易使孩子产生抵触心理，促使孩子以沉默、固执等方式来对抗父母；或使孩子习惯成自然，对父母的大声训斥处之泰然，只有训斥声愈来愈高，父母大发雷霆时，孩子才能听进去一些。由于大声训斥包含着不尊重孩子人格的因素，即使偶尔产生一些效果，也常常是以孩子牺牲自尊心为代价的。所以，用发脾气制止发脾气只会让脾气越发越大，这是最不明智的。

父母与孩子和风细语地对话，作为良好亲子关系的一种反映，体现着父母与孩子之间的亲密以及相互间的尊重和信赖。父母常常以悄声细语对话的方式教育启发孩子，孩子比较容易接受，从而收到良好的教育效果。因为温和亲切的对话表现了父母的良好情绪与心境，它会强烈地感染孩子，使孩子通过冷静思考理解父母的要求。这种友好、亲切的对话，还可以增强孩子对父母的信任感，增强孩子主动与父母进行交流的自信心。

父母在阻止孩子坏脾气发作的时候，既不要采取过于强硬的态度，也不能采取过于软弱的态度。最好是能够迅速而果断地将孩子的注意力转移到其他方面，以缓和紧张的局势。也就是说，当孩子正处于发脾气的状态，父母不要一心只想到训斥孩子，因为孩子这时是听不进去的；也不要强迫孩子（甚至是武力威胁孩子）马上停止发脾气。要让他学会自我克服、自我平息。

有的孩子很任性，动不动就要性子，父母对此无计可施。于是，在很多时候他们会采取迁就的态度，这种做法是极端错误的，因为长此以往，孩子就会得寸进尺，越加任性。

孩子发脾气总有结束的时候，一切等孩子安静下来再说。育儿专家提醒父母们："不要再追究发生过的事，更不能随意加以惩罚，应该对孩子表示出亲昵。"孩子平静下来了，要更加疼爱和抚慰他们，保护孩子的自尊心不受伤害，使孩子能够自觉、愉快地回到正常的轨道上来。

06 自信心是孩子
成长的基石

亲子课堂

对于孩子来说，生活是一片未开垦的处女地，他们所需要的是一股拓荒者的勇气与自信，而不是恐惧与畏缩。

美国的儿童教育专家曾经做过这样一个实验：

专家们和四岁的幼儿一起玩高塔平台游戏：桌上放着一座玩具塔，塔边连着一个平台，平台上有一只闪光的金属球。专家对幼儿说："这就像小电梯，你得把平台拉到塔顶，又不让小球落下来。"幼儿每次尝试，小球都会掉下来。专家问幼儿："你觉得行吗？"尽管幼儿数次努力都未能把平台拉到塔顶上，但他们都说自己能行，相信自己是会成功的。而事实上，专家们所提出的要求，对幼儿来讲几乎是不可能做到的。

　　这个实验说明：年幼的孩子天性都很自信，他们相信只要自己努力，任何事情都会获得成功。

　　事实上，自信心对人一生的发展起着不可估量的作用。面对挑战和竞争，充满自信的人更容易取得成功。每一个孩子都能成为非凡的人，关键是父母如何去呵护和培养孩子的自信。

　　有一个父亲，从儿子四岁起就教他踢足球，这位父亲一开始根本不理会什么规则。孩子把球踢到什么方向，他就把两根简易的球门柱移到那里，所以不管孩子怎样踢，球总能落到门柱里去！

　　后来，这个孩子成了一个优秀的职业足球运动员。别人问起他成功的秘诀时，他说："我从来不记得有踢不进球的时候，因为我有一个非凡的爸爸。"

　　由此可见，培养孩子的自信心，让孩子自己相信自己、充分肯定自我，在孩子的成长过程中将起到多么重要的作用！

要培养孩子的自信心，父母们应当怎么做呢？

法则一：通过实践活动培养孩子的自信心。

父母要积极地支持孩子参加各种各样的实践活动，让孩子在实践活动中取得经验，成功的经验累积得越多，孩子的自信心就会越强。对孩子来说，成功的快乐是一种巨大的鼓励力量，成功的积极体验会增强孩子的学习动机，激发孩子再尝试的欲望。许多孩子在出现一个明显的转折点后，常常是突飞猛进，就是因为成功体验的正性强化作用。父母一定要让孩子体验到通过自己的努力而带来的成功，不管这种成功多么微不足道。

法则二：父母要及时地肯定和赞扬孩子的良好行为。

当孩子有一个好的行为表现，或成功地完成了某件事情，父母都应给予及时的肯定与赞扬，绝不能视而不见。孩子往往是通过别人的眼睛来认识自己的，父母对孩子的表扬、肯定、评价，对孩子的志向、情感、行为起着极其重要的作用。

心理学家罗瓦·克劳丝在孩子两岁时就对其进行自信心的训练："贝克，你能拿起3个玩具吗？"她不断鼓励并肯定儿子："1个，很好"、"2个，干得不错"、"3个，太棒了"。她热情鼓掌，上前拥抱儿子。自信心正是靠这样一点一滴的肯定和与赞扬培养起来的。

法则三：让孩子参与安排家庭事务。

父母偶尔让孩子去安排一下家庭活动的计划，或让孩子参与讨论一些家庭问题，把孩子真正视为家庭的一分子。孩子参与安排家庭事务，就能学到许多东西，他会明白合理的要求与计划是什么样的，并能表达出自己的观点，由此提高自己的自信心。

每一个父母，无不渴望自己的孩子得到最广阔的发展空间。然而，我们总是在无意间或者说是无知之下，限制了孩子的发展。我们总是过多地干涉孩子的决定，从穿衣戴帽，到交朋结友，时时刻刻都在为孩子"操劳"。这种教育只能让孩子更加依赖父母，而怀疑自己的信心和能力。

当孩子由于某种特殊的原因（生理或心理上的），而陷入自卑的境地时，父母应该坚信，自信心是可以锻炼出来的。

对于孩子来说，生活是一片未开垦的处女地，他们所需要的是一股拓荒者的勇气与自信，而不是恐惧与畏缩。生活中每一件事、每一次经历、每一次的成功和失败，对于茁壮成长的孩子都是无比重要的，都会影响到他们一生的成长。

07 让孩子养成
诚实做人的习惯

亲子课堂 ....

诚实是一张可靠的身份证，无论走到哪里都会受到真诚的欢迎。

革命导师列宁小时候很喜欢活动，特别爱玩一种名叫"哥萨克强盗"的游戏。

有一回，列宁和哥哥、姐姐一起到姨妈家玩儿。表兄弟姐妹聚到一起特别高兴。当大人们在忙着做事时，孩子们又玩起了"哥萨克强盗"的游戏。他们在房间里拉拉扯扯，东奔西跑，玩儿得非常开心。

不料一件意外的事情发生了。列宁在奔跑中经过一张小桌子时，不小心将桌上的一只长颈玻璃花瓶碰到了地上，顿时，花瓶摔了个粉碎。孩子们都惊呆了，吓得站在一边不敢动。这时姨妈听见响声，走进屋子，指着地上的碎玻璃问："孩子们，是谁把花瓶打碎的？""不是我。""不是我。"哥哥、姐姐们都这么说。列宁是孩子们当中最小的，他打碎了花瓶，本来心里就很害怕，见姨妈查问，就学着哥哥、姐姐的话，怯生生地说："我没有……"

姨妈见没有人承认就不再追究，拿起扫帚把地上的碎玻璃打扫干净后就离开了。

游戏当然没有再继续下去，孩子们心里像压了一块铅那么沉重。

傍晚，列宁他们回到家里，没人再说起花瓶的事。吃过晚饭，孩子们就早早儿上床睡觉了。

列宁的妈妈有个习惯，总要在自己睡觉前去看一下每个孩子。她来到列宁床前，看见列宁捂着被子在哭。妈妈关心地问他为什么哭，列宁伤心地说："妈妈，我今天做了错事。"接着他把在姨妈家打碎花瓶的事说了一遍。

"好孩子，知错能改就好！妈妈明天就写信告诉姨妈，姨妈会原谅你的。"妈妈宽慰着列宁。

"可是，可是……我对姨妈撒了谎，呜……对不起！"列宁边说边哭了起来。

妈妈听着列宁真诚的表白，既心疼，又为孩子的诚实而高兴。

"因为做人最要紧的是诚实，一个人不诚实，人家就不相信你，失信于人，就不会有威信，也就什么事情也干不成了。"这是我国伟大的历史学家司马光的父亲司马池从小对孩子的谆谆教导。生活中，孩子向父母撒谎的事例也并不少见。比如，小时候某次孩子肠胃不舒服，妈妈知道了，就给买来好吃又好消化的蛋糕、巧克力等，以后每当出现这样的情况又是如此。孩子觉得蛋糕很好吃，而平常又吃不到。那么，他为了吃到蛋糕、巧克力，就可能在胃没毛病时，而撒谎说胃疼、胃难受等。

在上学以后，孩子出现不诚实的两面行为，常常是为了满足受表扬、受奖励，逃避训斥打骂、不受惩罚的需要，具体表现则多反映在学习、花钱、玩耍上。比如在学习上，老师留了作业，告诉妈妈老师没有留作业；作业没做完，告诉妈妈做完了；考试成绩不好，说卷子没发；分数低，改成高分数……

有一句古老的英国谚语说："诚实是上策。"其实，诚实何止是一种策略，它更是一种荣誉。对每个人而言，诚实是一张可靠的身份证，无论走到哪里都会受到热情的接待，人际交往如果缺少了诚实，人与人之间就只会相互猜忌、彼此怀疑。对整个社会而言，诚实是保障社会高效健康运转的纽带，是社会保持正常秩序的支柱，是社会进步繁荣的基石，一个社会如果丢失了诚实，这个社会就会混乱、低效。

然而，这个道理虽然浅显，但是对于成长中的孩子来说，要让他们能深刻领悟却是一件很困难的事情，更是难以做到。因为诚实的好处并非一次行为就可以显现，它的巨大力量需要日积月累才能发挥。短时期内，偶尔的一次事故中，诚实也许不能带来好处，相反还可能给人带来麻烦。

每个家长都会经历孩子撒谎的阶段。有的家长遇到孩子说谎时，会相当自责，认为自己的管教方式不对；有的家长则是反应过度，好像孩子犯下了滔天大罪；也有的家长似乎不去注意这个问题，反而让孩子不知道说话的分寸。当发现孩子确实撒谎时，你不能不注意，但也不必太着急，因为从发育的角度看，小孩子有时会撒谎或编造故事是很正常的。所以，不要为此感到困扰，而是应该采取积极的方法来教导他。教育专家表示，其实最好的态度是家长与孩子一起面对这样的问题，帮助孩子找到比说谎更好的方式，去解决目前遇到的困难。

有的父母一遇到孩子撒谎，便不分青红皂白地对孩子一通批评、训斥甚至惩罚。因此，父母们也应该反思一下，孩子撒谎习惯的形成跟教育的方式方法不当之间也存在着一定的联系。

那么，作为父母应该怎样才能训练孩子养成诚实做人的习惯呢？

第一，父母要以身示范，养成诚实的习惯。

在日常生活中，大人有很多关于诚实的示范。例如，你开车或骑车时，是否遵守交通规则？买东西时，店员多找了钱给你，你是否退还？等等。心理学的研究和教育实践表明，一个人在思想品德上所受到潜移默化的影响，所形成的道德观念，对一个人品德的成长影响极大。俗话说"上梁不正下梁歪"，作为父母必须注意自己的示范作用，让孩子在家庭学习、日常生活、人际交往、游戏玩耍等过程中多积累一些正面的道德经验。

第二，耐心细致地教育孩子不要撒谎。

一个3岁的小女孩，去小朋友家玩儿，回来时手里多了一只电动玩具狗。她妈妈看见后，就问她玩具狗是从哪里来的。她回答是小朋友送给她的。然而，第二天，小朋友的妈妈就对小女孩的妈妈说，他们正到处寻找一只电动玩具狗，并问小女孩是否看到。女孩妈妈立即就让女儿把玩具狗拿出还给小朋友的妈妈。事后，女孩的妈妈非常生气地责问她："你为什么撒谎？"

其实这位妈妈不应该抓住"你为什么对我说谎"这个话题，而是应该帮助孩子分析导致说谎的原因，及其可能产生的后果，让孩子在拥有足够安全感的情况下，坦然承认自己的错误，培养孩子承认错误的勇气。等孩子明白这个道理后，就会将此教训记得牢牢的。这样一来，她就无需挖空心思编造谎言来掩饰什么了。

第三，对待孩子的撒谎行为，父母不要一味打击。

当发现孩子说谎后，家长要保持冷静的头脑。一味的打骂、训斥等简单的教育方法，只能将孩子推向愿望的反面。对孩子的话不能偏听偏信，必要时应作一番调查、核实。有不少孩子是发现自己做了错事，又怕被父母责骂才说谎；如果家长再一味打骂，反而适得其反，要分析前因后果，发现及时，纠正及时，才不至于把谎越说越大。作为父母应循循善诱，向孩子指出说谎的危害性，让孩子在内疚中知错，在鼓励中改错。

第四，要赞美孩子诚实。

看到孩子有诚实的表现时，父母一定要赞美他们，这样可以进一步增强他们的这种行为。例如，三年级的女儿，在学校考试考不好，她很诚实地向妈妈承认，因为昨天没有好好复习。你可以说："你很诚实，妈妈很高兴，不过更重要的是，你以后不可以再犯，好不好？妈妈晚上和你一起复习。"如果孩子说："不用了啦！反正考过后就不会再考了。"你应该说："怎么可以呢？我们学习不是为了应付考试，考试只是让我们知道自己有什么地方不懂而已，所以还是要好好复习才对。"女儿不但没有因考不好被骂，还因诚实受到赞美，而且，她还学到"学习不是为了应付考试"的观念。

第五，应转变观念，不能一味注重孩子的学习成绩，而忽视了德育。

"望子成龙"是每个家长的心愿。为了使自己的孩子成"龙"，父母几乎无一例外地看重孩子的学习成绩，这是可以理解的，因为他毕竟是孩子成长过程中不可少的一个重要方面，但如果只注重孩子的学习成绩，而忽视孩子道德品质、待人接物以及意志，能力等方面的培养，那么培养出来的孩子就不会是一个诚实的人，更不可能是一个尊敬父母、热心助人的人，而将会误导孩子为了考试成绩，而不择手段地弄虚作假，抄袭偷看。从而致使孩子变成一个不求上进，自私自利的偏执的人。因此我们家长应更新观念，不能只凭分数断定孩子的好坏。

总之，孩子的诚实教育要从小抓起，孩子的说谎行为越小越容易矫正。尤其值得指出的是，当家长怀疑孩子有说谎行为时，不能急躁，不要急于指责孩子在说谎，更不要"逼"孩子承认自己在说谎，否则，很容易伤害孩子的心灵或给他们造成"负强化"。纵然发现孩子确在说谎，也不能"凶神恶煞"般地指责孩子，要给他们一些空间，适宜地关心和协助他们，相信孩子明天会更好。

08 鼓励孩子
敢于标新立异

亲子课堂

从小将孩子禁锢在传统的社会行为准则的牢笼中，自然会束缚孩子的创造力，扼杀他们的创新勇气。

老师号召全班同学为夏令营活动献计献策，几天之后的班会上，同学们都争先恐后地汇报了自己的活动方案，老师把其中几个较好的方案综合之后，列出了夏令营最终的活动计划。

当老师正式宣布活动计划后，江欣欣回到家里对妈妈说："妈妈，对这次夏令营活动，其实我有满脑子的好主意，但总是不敢提出来，班上开会征集方案时，我想等别人都发表意见后，再提出自己的想法。可是，后来我才发现我想到的那些好主意，早被其他同学抢先提出来了！妈妈，我真后悔。为什么我就不能自告奋勇呢？有好几次我都下决心提出自己的想法，却又缺乏勇气……唉！我真是没用。"

每一个父母都会有成功与失败的经历，不用说，那些成功的喜悦或失败的沮丧，一定在我们的人生征途中留下了终生不灭的印痕。成功者自有成功后的满足与荣耀，失败者亦有失败后的苦痛和慨叹。回首往事，面对别人的成功，多少人都曾有过这样的感触——"他今天能这样成功，真想不到。其实他所做的事情或产生的想法，我也会做，也曾想过，只是我没有去做。一步之差带来天壤之别，悔不当初啊！"

什么原因带来的这一步之差？

什么原因让我们悔不当初？

为什么有的人就能勇敢地迈出这一步，有些人却是一误再误，以致后悔终生？

作为父母，我们当然不希望自己的孩子，也因为"一步之差"的原因，而毁了他一生的幸福。可是，我们却常常不自觉地把孩子禁锢在"一步之中"——

"听话，听话爸爸才爱你。"

"老师是这样说的""老师不让这样做"……

"你看看别人是这样做的吗？""别人都不这样做，你为什么要这样做？"

如此这般"教育"孩子，在我们的现实生活中比比皆是。真不知道"在学校就要听老师的话，老师怎么要求就怎样做"的惯例，让我们的孩子失去了多少展示自己的机会！

生活中，有很多父母总是对孩子标新立异的想法，以及所表现出来的探索精神，视如异端，大加斥责。

为什么我们当父母的，容易忘记自己当年失败的一个重要原因，就是自己成为一个"追随者"，而现在，我们却又对孩子的标新立异斥责有加？

毫不讳言，传统文化中的一些东西，随着时代的进步和发展，正在阻碍着孩子的健康成长。在当今的教育理念中，"羊随大流不挨打，人随大流不挨罚"的心理仍然占据着相当的位置。这种与时代发展相悖的态度，固然可以帮助我们省去很多的麻烦——跟着大众走最稳妥，不需要自己的判断，不用担心冒犯众人而受攻击。

因此大部分人认为这是正确的处世之道，并自然而然地将这种思想与行为准则，灌注到自己的孩子心中。

孩子的心灵是最纯洁的，但是在我们错误的教导中，听其言，观其行，很快就学会了世故。许多事情并不清楚为什么要这样而不要那样，只是因为大家都如此，自己也就只能如此了！

从小将孩子禁锢在这种社会行为准则的牢笼中，自然会束缚孩子的创造力和扼杀他们的创新勇气。孩子的一切言行都要环顾左右，考虑别人是否会有异议，似乎决定自己行为的不是自己而是别人的看法。如此这般，培养出来的孩子自然而然就成了一个顺从的追随者。

鼓励我们的孩子敢为天下先，敢于标新立异、与众不同，并不意味着让孩子完全忽视社会准则，成为另类。只是，当我们制止孩子的一些行为时，不要用别人会如何对待此事来"规范"孩子，而是要和孩子一起分析"不应这样做"的原因。

只要我们的孩子的所有举止并未对别人、社会造成伤害和触犯社会公德、法律，我们就应该允许并鼓励我们的孩子不同寻常，标新立异。

我们的教育不是培养一群温柔的羔羊，而是要培养具有完全独立意识和创新意识的有用之才。如果我们希望自己的孩子是一个有开拓精神、有独立思考能力的人，那我们非但不能扼杀孩子的独创精神，反而要鼓励孩子勇于标新立异，做到与众不同！

09 教会孩子
   懂得感恩

亲子课堂 ···

　　父母首先要学会感恩，然后才能影响、感染、教育孩子学会感恩。

　　一个孩子和妈妈吵架了，一气之下转身跑了出去。气愤的母亲说："出去就再不要回来！"他流着眼泪在街上漫无目的地走了许久。天快黑了，渐渐平静下来的他才感觉到肚子饿了。正巧，前面就有一个卖削面的摊铺，冒着热气的削面对饥饿的孩子太有诱惑力了。可是，他摸遍了身上的口袋，连一个硬币也没有找到，也许是刚才跑出来太急了，没有带钱。面摊的主人是一个很漂亮的阿姨，看到他站在边上就问："孩子，你是不是要吃面？"他有些不好意思地回答："对不起，我忘了带钱。""没关系，我请你吃。"阿姨又看了看他说。

一会儿，面上来了。孩子很感激地端起碗吃了起来。"你怎么这么晚不回家？"阿姨看着他问，"和家里闹别扭啦？"孩子听了这话，眼泪就掉了下来，说："阿姨，我妈妈要像你一样就好了。""为什么？"孩子擦着眼泪说："你不认识我，却对我这么好，我没钱还请我吃面。可是我的妈妈，她和我吵架，竟然把我赶出来，还叫我不要再回去！"

阿姨听了，说："孩子，你怎么会这么想呢？你想想看，我只不过给了你一碗削面，你就这么感激我，可你的妈妈养了你10多年，每天为你洗衣做饭，你怎么不会感激她呢？而且还要和她吵架？"孩子愣住了。他放下筷子急忙往家走去。当他走到家附近时，看到焦急的妈妈正在路口四处张望，孩子的眼泪又开始掉下来，他扑到妈妈的怀里，却发现妈妈的眼里也含着泪……

生活中我们常常犯这样的错误：对别人给予的小恩小惠感激不尽，却对亲人的恩情视而不见，这可以说是现代家庭教育的失误。由于父母无微不至的呵护与关爱，所有的事情都不让孩子去干，在孩子潜意识里就形成了这样的观念：父母为他所做的一切都是应该的，不需要回报，因此他们也就不懂得感恩父母。所以说，爱孩子，就要在你忙的时候让孩子帮你干点家务；就要在你累的时候让孩子给你捶一捶背；就要在适当的时候让孩子做些力所能及的事。让孩子从平常的生活小事中感觉到你对他的爱，也因此而爱你，在爱中领略被爱。

养儿方知父母恩。自己为人父母的时候，首先想到的是父母养育自己时的辛苦，这种体验，也算得上是孩子送给父母的礼物。孩子让家庭成为社会的一个小细胞，孩子让父母发现自己与社会紧紧相连，所有这些改变，是父母成长中的必经阶段，就像孩子会换牙、长高一样。养育的经历，值得父母心怀感激。

作为父母，首先要学会感恩，然后才能影响、感染、教育孩子学会感恩。然而，现在不少孩子把亲人无微不至的爱看成天经地义，常以自我为中心，不懂得体谅，更不知道回报。曾有人说，现在的孩子不知道感恩是个普遍现象。的确，许多家长收入并不高，但却望子成龙，自己省吃俭用，把钱都花到孩子身上了，而孩子并不感恩，却说，"谁家父母对孩子不这样！"甚至在消费上与别人攀比。但是，我们总不能因为这是普遍现象就认为是对的，就去接受它吧？

还有人说，父母对子女的爱是父母的责任与义务。其实正是这种认知造成了孝心教育的缺失。"施恩不图报"是施恩者的美德，"知恩图报"是受恩者做人的良知，不是说滴水之恩当涌泉相报吗？那么父母对子女的涌泉之恩就可以不报了吗？

当然，父母之恩是永远报答不完的，但至少应该让孩子在心里保有一份爱，父母怎么爱他们，他们就应该怎么爱父母。如果一个人连自己的父母都不爱，他怎么可能去爱他人，去爱国家，这样的人对社会又有什么价值呢？事实上，感恩之心是一种美好的感情，没有一颗感恩的心，孩子永远不能真正懂得孝敬父母，理解帮助他的人，更不会主动地帮助别人。

教育孩子学会感恩应该从感恩父母开始，拥有一颗感恩的心。一个不知感恩父母的人，他就更不会感恩别人，而一个不知感恩的人，他就是贪婪的、自私的，就不会被世人所接受。学会感恩，才不会一味地怨天尤人，才有信心去面对生活的挑战，使自己永远保持健康进取的心。学会感恩，世界就会变得五彩缤纷，美丽多姿，人生也将会阳光普照，瑰丽多彩。

男孩叫邦迪，父母很早就去世了，他是被叔叔帕特鲁普抚养大的。叔叔是个建筑工人，前不久从脚手架上摔下来了，至今仍昏迷不醒。医生说，只有奇迹才能救他。

邦迪想：奇迹一定是种非常奇妙的东西。于是他想把奇迹买回来，让叔叔吃了，叔叔的伤就好了。邦迪捏着1美元硬币，沿街一家一家商店地询问有没有奇迹卖。店主们要么说没有，要么嫌他捣乱，不由分说地就把他撵出了店门。

天快黑了，第29家商店的店主，是位满头银发、慈眉善目的老爷爷，热情地接待了邦迪。他问邦迪："告诉我，孩子，你买奇迹准备做什么？"

"医生说，只有奇迹才能救叔叔，所以我想给叔叔买一个奇迹回去。"

老爷爷的眼睛湿润了，他问邦迪："你有多少钱？"

男孩拿出了1美元。老头接过硬币，从货架上拿了瓶"奇迹之吻"牌饮料，"拿去吧，孩子，你叔叔喝了这瓶'奇迹'，就没事了。"邦迪喜出望外，将饮料抱在怀里，兴冲冲地回到了医院。一进病房，他就开心地叫嚷道："叔叔，我把奇迹买来了，你喝了很快就会好起来！"

几天后，一个由世界顶尖医学专家组成的医疗小组来到医院，治好了男孩叔叔的病。叔叔出院的时候，看到医疗费账单上那个天文数字，差点吓昏过去。院方告诉他，有个老人已经帮他把医疗费全付了。

那个老头就是卖给邦迪"奇迹"的老爷爷，他刚从一家跨国公司董事长的位置退下来，在本市开了家杂货店打发时光，正是老爷爷花重金聘来医疗小组治疗叔叔的伤。当邦迪要去感激老爷爷的时候，老爷爷已经搬走了，后来老爷爷给叔叔写来一封信："年轻人，邦迪为了救您，他拿了1美元到处购买奇迹……感谢奇迹，是他挽救了您的生命。但您一定要永远记住，真正的奇迹，是人们的爱心！你很幸运。"

感恩，是一个人与生俱来的本性，是一个人不可磨灭的良知，也是现代成功人士健康性格的表现。那么，如何才能让孩子学会感恩呢？

首先，让孩子学会感恩父母要以身作则，孔子说："其身正，不令而行；其身不正，虽令不从。"父母要言传身教，严格要求自己，凡是要求孩子做到的事，自己首先要做到、做好。

其次，要培养孩子的责任感。我们要从小培养孩子正确的责权观，在付出的同时，要有意识地让孩子看到、感觉到，进而要求孩子也要尽相应的责任和义务，做一些力所能及的事情，如做些家务，参加社区服务，参加手拉手一帮一等活动，以增强家庭责任感、社会责任感。逐步让他们在享受拥有的同时懂得回报，养成感恩的心态和习惯。

另外，适时地表扬孩子，让孩子在感恩中体验快乐。比如，当孩子帮了你时，真诚地说一声"谢谢"；当孩子主动干活时，诚挚地表扬一下"真不错"；当孩子参加活动回来，也别忘了说一声"辛苦了"！父母要对孩子的积极行为及时给予肯定和鼓励，让孩子收获感恩的喜悦，感受由此带来的快乐。

感恩是一种生活态度，是一种品德。感恩绝不能只局限于对父母的感恩，还要培养孩子对老师、同学、朋友以及对帮助过他的、为他付出过的人有感恩之心。

记得有一首诗这样写道：

感激生育你的人，

因为他们给你生命；

感激伤害你的人，

因为他磨炼了你的心志；

感激绊倒你的人，

因为他强化了你的双腿；

感激欺骗你的人，

因为他增进了你的智慧；

感激藐视你的人，

因为他叫醒了你的自尊；

感激遗弃你的人，

因为他教会了你该独立。

凡事感激。

学会感激。

感激一切使你成长的人！

我们还应该说：感恩大自然，因为他给了你美好的景物；感恩社会，因为他给了你和平的环境；甚至感恩敌人，因为他让你成长；感恩挫折，因为他让你成熟……

感恩是一种心态，一种向上的智慧，一种人生的态度和做人的基本准则，更体现一个人的世界观。父母平时可多带孩子做些回报社会、回报他人的事情，让孩子对社会、对他人充满感恩之心，那样孩子的心胸才能更宽广，感恩的心也才会长存。

10 注意力是
心灵的天窗

亲子课堂

当人们专注于某个事物时，总是同时在感知、记忆、想象、思考着或者说体验着一定的情感情绪。

一个叫哈特威尔的小朋友，聪明好学，对任何事情都有着强烈的求知欲，总爱问各种问题，大家也很喜欢他。但是他的学习成绩却一点也不理想，这让很多人非常吃惊，父母都是知识分子，应该比其他人更懂得教育，而且哈特威尔非常聪明，可为什么成绩总是不让人满意呢？

一天，哈特威尔母亲的朋友来拜访，经过哈特威尔的书房，发现他正背诵诗歌，可是不一会儿这孩子就开始发呆，原来孩子注意力不集中，没有专心读书。朋友把母亲叫来观察他，他竟然没有察觉。

母亲显得非常生气，要去教训他，被朋友制止了。

朋友拍着哈特威尔的肩膀，他才意识到有人站在他身后，当时他显得非常慌张窘迫。

"你在想什么呀？学习的时候应该用心，为什么走神了呢？"母亲的朋友轻言细语地问。

"我……我没想什么。"

"那好，我考考你刚才背诵的诗。"母亲的朋友拿起了他的书本，看着他说。

当然，哈特威尔一句诗也无法背诵出来，因为他根本就没有专心地去背诵。但是母亲的朋友看见他已经满脸通红，显得十分窘迫，也就不好再说什么话去使他更加难堪了。"当时，你在想什么呢？是因为不能理解这首诗的意思吗？"

"不，我最近总是这样，看书就容易想到其他的事情，我也不知道为什么？"

"那你刚才在想什么事？"

"我在想昨天发生的一件事，有一个小朋友仗着他身强力壮，就欺负别的孩子，我很气愤。我刚才在想我如果是一个武艺高强的剑客就好了，那么我一定会教训他。我会骑着高大的马，挥舞着长长的宝剑去帮助那些弱小的小朋友，一定要让坏孩子尝尝被欺负的滋味……"

哈特威尔一边说，一边比划起来。脸上充满了向往的光彩，他在憧憬着自己成为英雄的场面。

"孩子，你这样想当然是件好事，因为这是一种乐于助人的精神，我们也能在帮助别人的时候获得快乐，但是你仅仅坐在这里幻想是不起任何作用的啊！你现在阅读的文章，就是关于英雄的故事，你应该集中注意力，学习他们的精神，去了解他们帮助别人的事迹；如果是你现在这样的状态去学习的话，你根本什么也学不到。

"我明白了。"哈特威尔好像忽然悟到了，"现在我在书本中学习英雄的智慧，等学完后我再到外面去锻炼身体，也把自己的身体练得强壮有力。那么等长大后，就可以真正帮助那些弱小的人们了，你说对吗？"

说着，他便捧起了书本，专心致志地学习起来。

其实，生活中有许多孩子在做事时注意力不集中，作为父母千万不要给孩子不良的暗示，通过培养，是完全可以改变这种局面的。

注意力就是人们在一段时间内集中地反应某些事物的心理活动的能力。人类的每一种心理过程都是不同程度地指向和集中于一定的对象的。当人们专注于某个事物时，总是同时在感知、记忆、想象、思考着或者说体验着一定的情感情绪，所以说注意本身并不是一种独立的心理过程，它是各种心理过程的一种特性。

注意力是孩子学习和生活的基本能力，注意力能否集中直接影响着孩子的认知和社会情感等身心各方面的发展及其入学后学业成绩的好坏。环境及教育对孩子注意力的形成有着极深地影响。家长应当根据孩子身心发展的规律与特点，为他创造良好的教育环境，从小就有意识地培养孩子的注意力，帮助孩子养成良好的注意品质与能力。

俄国教育家乌申斯基说过："注意是心灵的天窗，只有打开这扇天窗，才能让智慧的阳光洒满心田。"可见，注意力在人的智力活动中起着相当重要的作用。注意力是观察力的先导，没有注意就无所谓观察。人的一切心理活动都离不开注意力的参与，父母必须重视孩子注意力的培养。

有的孩子坐不住，注意力涣散，令父母大伤脑筋。而导致注意力不能集中的一个重要原因就是孩子的自控能力较差。当有新刺激出现时，成人可以约束自己不去关注它，但孩子却很难做到。因此，为培养孩子的注意力，父母可以有意识地逐渐提高孩子的自我约束能力。

培养孩子的自我控制能力，给孩子提供更容易提高注意力的环境，父母要做到以下几点：

第一，创造安静、简单的环境。

因为孩子年龄较小，注意力稳定性差，容易受外部条件的影响而转移。良好的学习、生活环境，对孩子的注意力教育起着很大作用。因此，在家里，父母要给孩子创造良好的学习、生活环境，避免分散孩子的注意力。比如当孩子认真看书、绘画的时候，家长们不要在附近来回地走动，不要开电视和收音机，不要把玩具和糖果之类的东西放在旁边。

第二，培养学习习惯。

经常在相对固定的时间里安排学习活动，培养孩子逐步地形成学习的习惯。这个习惯一旦养成，到了该学习的时间，孩子的大脑就会立即启动，高速运转起来，学习就能专注。

第三，养成生活的规律。

让孩子的生活有张有弛、动静交替。父母要善于在日常生活中提高孩子的注意能力，要安排好孩子的生活作息，使之具有规律性，这对孩子注意力的稳定性是很重要的。

第四，互动更能积累注意力。

互动和注意力的关系也比较密切。正常人具有将"自我"扩大的本能和趋势，更容易接受因为自己的活动而受到影响的事物。无论处于哪个年龄段，能够对自己的行为产生回应的事物往往都能够成为注意力的焦点，对孩子更是如此。

活动中如果不存在互动，孩子的注意力转移会很快，他们会寻求一些更特殊的事物。但是一旦存在互动，就会是另一种情形，孩子的兴趣会倍增，注意力也会持久。

11 因势利导,
转换孩子的嫉妒心理

亲子课堂

只要孩子的嫉妒心是在一个合理的范围之内——不对他人构成妨碍和伤害,那么,适当的嫉妒之心,可能成为一种促进孩子向上的动力。

上学期期末考试我发挥得比较好,取得了好成绩。公布成绩的那天,我很高兴,便招呼两位好朋友一块儿回家。可一反常态的是,她们不像往常一样热情、说说笑笑地回家,而是像没听见一样径自向外走去。起初,我以为是她们真的没听见,于是追上去大声喊她们的名字。可是,她们仿佛不认识我一样,翻翻眼睛走了。

我当时便愣住了,这是怎么回事?这时××走过来,见我在发愣,便问："怎么啦？祝贺你考第一，怎么还不高兴？"我苦笑着指指前面两人的背影，心里不知是什么滋味，只因为考试成绩好一点，就要遭到朋友如此的排挤与冷遇吗？我不明白，这样的人能否算是朋友？想起三人说说笑笑时，她们那灿烂的笑容，和现在眼前越走越远的背影，真怀疑是不是两个世界的人？××似乎明白我的心情，拍拍我的肩说："这很正常，人有时是这样，别怪她们，寒假后一切都会好起来！"

我希望像××说的"一切会好起来"，可是开学后，感受到的还是一种失落，一种陌生，总是一种酸酸的味道涌在心头。每次我在无意中说道："今天作业不是很难"或"昨天睡迟了"之类的话时，她们便会用一种我听了感到心里很别扭的口气说："你当然不会觉得难了，你是第一名嘛！我们就不行了。""你多刻苦啊，肯定是昨天复习很晚！"一次、两次也就罢了，可是天天如此，我真是苦恼极了。

我渴望真诚的友谊，但又不知这样的友谊该不该再用真心去换取，老师，请问我该怎么办呢？怎样面对这样的朋友呢？

——摘自一个中学生的周记

《三国演义》中有一个有趣的故事，叫"三气周瑜"。说是周瑜嫉妒才干超群的诸葛亮，最后因为技不如人，被诸葛亮用三个计策给活活气死了。周瑜死前，对天长叹："既生瑜，何生亮！"由此看来，周瑜开创了一个关于嫉妒心的里程碑。

与其他有人群的地方一样，嫉妒现象在学生中也普遍存在。嫉妒是人性的一种弱点。心理学研究表明，嫉妒是一种因为他人在某些方面优于自己而产生的带有忧虑、愤怒和怨恨体验的情绪。嫉妒是一种很普遍的心理现象。生活在竞争时代的孩子都有着不同程度的嫉妒心理。只要孩子的嫉妒心是在一个合理的范围之内——不对他人构成妨碍和伤害，那么孩子身上所表现出来的适当的嫉妒之心，可能成为一种促进孩子向上的动力，当然，这离不开父母的教育。身为父母，要善于因势利导，化解孩子的嫉妒心理。

嫉妒心比较强的孩子，往往表现在不愿看到别人在任何时候、任何地方比自己强，在学习和生活中，有的学生看到别人受到表扬，心里就不舒服；有的学生看到别人取得了好成绩或被选为三好学生，心里就酸涩难耐；甚至有的学生看到别人穿了一件漂亮的衣服，也要恶语议论、嘲笑一番。这些都是嫉妒心理作怪。

我们知道，如果孩子的嫉妒心过强，容易受到外界的刺激，从而产生诸多不良情绪，既影响孩子的学习进步，也对孩子的身心健康造成极大地威胁。但是，仅有这些认识还不够，父母还应当从孩子的嫉妒心上，看到有利的一面——孩子渴望超越被他所嫉妒的人。父母应该针对这一点对孩子加以适当的积极引导，以转化孩子的嫉妒心理。

因势利导，转换孩子的嫉妒心理，"激将法"也是一个不错的选择。

如果孩子嫉妒同学成绩比自己好，父母此时不妨激发孩子："嫉妒别人的优点，恰恰说明了自己的不足；嫉妒别人是因为别人有超过你的地方。"用这样的方式，激励孩子去学习别人的长处，而不是嫉妒别人所取得的成绩，最终让孩子明白"与其嫉妒他，不如赶上他、超过他。"

值得注意的是在转化孩子的嫉妒心理时，父母应以表扬、鼓励孩子为主，尽量不用或少用责备和惩罚。父母尤其应当注意，不应该对孩子说这样的话："自己没用，何必去嫉妒别人！"或者"他就是比你聪明，你有什么可说的？"等等。这样一来，不但解决不了孩子的思想问题，还可能让孩子产生更严重的嫉妒情绪。

12 改善孩子羞怯自闭心理

把封闭的心门打开，成功的阳光能驱散失败的阴暗。

杰克和约翰兄弟两人住在阁楼上，由于年久失修，卧室的窗户只能整天密闭着。厚厚的布和满是灰尘的窗户遮住了阳光，整个屋子十分阴暗。

兄弟俩看见外面灿烂的阳光觉得十分羡慕，于是就商量说："我们可以一起把外面的阳光扫一点进来。"于是，就拿着扫帚和簸箕，到阳台去扫阳光了。

他们很用心地将映在地上的阳光扫进簸箕里，然后又小心翼翼地搬进阁楼，可是一进楼梯口的黑暗处，阳光就没有了。但是他们并没有放弃，而是一而再，再而三地扫，小心翼翼地搬，但依然是徒劳，屋内还是没有阳光。

　　"为什么我们这样努力都无法将阳光运到屋子里来呢？"这个问题让他们困惑不已。

　　正在厨房忙碌的母亲看见他们奇怪的举动，问道："你们在做什么？"

　　他们回答说："房间里太暗了，我们要扫点阳光进来。"

　　母亲笑道："只要把窗户打开，阳光自然会进来，何必去扫呢？"

　　是啊，"只要把窗户打开，阳光自然会进来，何必去扫呢？"这位母亲说得很有道理。把封闭的心门打开，成功的阳光就能驱散失败的阴暗。

　　羞怯是一种逃避行为的最常见形式，羞怯自闭的孩子对外界事物不感兴趣，不大察觉别人的存在。在日常生活中，常常会看到这样的现象：有的孩子在路上碰到熟人，因怕羞而故意躲避；有的孩子不敢在大庭广众之下讲话，一讲话就脸红。这些都是羞怯自闭的心理在作怪。

　　羞怯自闭的孩子不懂得人际交往，因为这类孩子语言发展迟缓并有障碍；对语言理解和非语言沟通有不同程度的困难；欠缺口语沟通的能力。

羞怯自闭的孩子不健康，他们会抗拒某种味道、颜色或未曾吃过的食物，因而形成严重的偏食行为；会有难以入睡的情况。

羞怯自闭的孩子多数智力发育比同龄儿迟钝，少数智力正常或接近正常。但其中有的孩子在智力活动的某一方面又出奇地好，这的确令人不可思议，有不少孩子的机械记忆能力很强，尤其对文字符号的记忆能力。如有位孩子特别喜欢认字，见到文字就主动问念什么，并且只这一次就记住，为此他能流利地阅读儿童故事书，但当他要用说话来表达自己的意思时则存在明显的困难，说明他们存在理解语言和运用语言能力方面的缺陷。

造成孩子羞怯自闭的原因有很多，其中更重要的原因是早期的教育和经验。如果父母经常否定孩子，从不或很少表扬和鼓励孩子，就会造成孩子的自卑心理；或者父母对孩子过度照顾，不让孩子参加社会活动，承担社会责任，使得孩子的交往能力减退，这些都会造成孩子在社会交往方面的障碍。

如何改善孩子的自闭羞怯的心理呢？父母可采取以下方法：

首先，父母要多与孩子一起做游戏。因为游戏是儿童社交的一大部分，如果把孩子的游戏空间只限制在自己的家中，而不为他创造更多的社交锻炼空间，将会影响到孩子与其他人交往的能力，严重的还可能产生孤僻和自闭倾向。

其次，就是父母要多和孩子沟通，让孩子和同龄孩子多接触。

再次，帮助孩子树立自信心。羞怯自闭的孩子总是怀疑自己各方面的能力，因此，不敢与人交往。父母在生活中应多鼓励孩子，对孩子予以肯定，善于发现孩子的优点和特长。孩子会以这一特长为媒介多交朋友，也会因为这一技之长而增加信心。

13 教育孩子
不要孤高自诩

亲子课堂

孩子是站在父母的肩膀上成长的，父母的高度决定了孩子的高度；父母能走多远，孩子才能走多远。

父母要让孩子懂得"山外有山，天外有天"，比你优秀或在某些方面比你优秀的人大有人在。

李平的父母均为大学生，良好的家庭环境和较高的智力因素为她后来的求学提供了优越的条件。她的小学、中学都在一个小城镇里就读，那里的教育水平、学生智力都不算很好，而她凭着父母早期的教育，先天的素质，后天的努力，成绩一直位居第一，且与第二名相差很大，老师们都说她是学校的骄傲，从来没遇见过这样的学生。于是她有了这样的想法：其他同学的成绩太差劲了，我怎么能和他们在一起呢？跟他们交朋友太没面子了。所以，从此以后，她总是孤零零的，像个骄傲的孔雀，她认为这是与众不同、不落俗套的行为方式。上大学后，她仍抱着过去所带来的优越感，目中无人，不把同学放在眼里，认为寝室的每个同学都俗不可耐，很快她在寝室就住不下去了，只好换寝室，之后还想再换，但在哪个寝室她都待不长，于是她只好孤零零地一个人独来独往。

生活中，这类孤高自诩的人并不少见。他们的共同特征是：自视过高，认为自己非常了不起，看不起别人，总爱抬高自己，贬低别人。他们以自我为中心，自己想干什么就干什么，听不进别人的意见和建议，总想让别人都围着自己转。

谦虚使人进步，骄傲使人落后。孤高自诩会对孩子的发展产生消极影响，他们常会形成与外界的隔膜，这使他们的心胸变得很狭窄。

孤高自诩也被人理解为自负，即高估自己的能力，通过放大镜来看自己的长处，产生不切实际、盲目自大的心态。自负的孩子好高骛远，不切实际，他们很少关心别人，与他人关系疏远，看不起别人，总认为自己比别人强很多。

孤高自诩的产生，往往根源于不当的家庭教育。其中，父母的过分娇宠，常常是导致孩子形成自负心理的温床。例如，有些父母对孩子百依百顺，事事以他为中心，孩子想干什么就干什么，结果使孩子成为家中的"小霸王"。还有一些父母对孩子总是一味地夸奖、表扬，很少指出孩子的缺点，久而久之，使孩子以为"我非常了不起""我什么都行"，形成盲目自大的心理。

孤高自诩的表现也是多方面的。有的孩子因此不能和同伴友好地相处，常常有高高在上、盛气凌人之感；有的孩子不尊敬长辈，瞧不起成年人在某些知识方面的欠缺；也有的孩子不爱回答别人的问题，甚至变得爱挖苦人、讽刺人。

要改变孩子的这种心理，父母应耐心地教导孩子，让孩子学会正确地评价自己，让他既认识到自己的优点，又看到自己的不足。父母还需要规范孩子的行为，告诉孩子在交友中哪些是正确的做法，哪些是错误的做法，并加以训练和指导，使其养成良好的行为习惯，这样孩子才会受到大家的欢迎。

每个父母都要让孩子明白这样一个道理：每个人都有自己的独到之处，都有他人所不及的地方，同时又有不如人的地方。与他人比较不能总拿自己的长处去比别人的不足，把别人看得一无是处。"山外有山，天外有天"，比你优秀或在某些方面比你优秀的人大有人在，其实你没有什么可以自负的，否则，就类似于井底之蛙了。

14 别让自卑牵住
孩子的鼻子

亲子课堂

当孩子自卑时，我们要对他说："退缩是弱者的行为，勇敢些，孩子，你一定行！"

高伟是二年级三班的一名学生，长得很结实，但学习成绩一直处于中下水平。他很孤僻、自卑、不合群，平时很少与同学玩耍，总是一个人躲在一个角落。他不愿意与别人交流，包括老师。他上课从不主动举手发言，老师提问时总是低头回答，声音听不清楚，脸蛋涨得通红。老师和同学都很想了解他的想法，都想尽量接近他，可是他总是躲得远远的。这些都严重影响了他学习上的提高和与别人的交往。

在日常生活和学习中，我们常常会看到像高伟这样的学生，自我评价较低，缺乏自信，感到别人什么都行，而自己恰恰什么都不行，因而在许多事情上都表现出自卑心理和退缩行为。例如，做事缺乏主动性，上课从不敢主动举手发言；老师提问，因害怕说错而不敢大声回答；做作业不敢相信自己是对的，总要与别人对过答案之后才放心；"我不行""我不会"成了他们的口头禅。长此以往，这种自卑、退缩的心理状态，会使他们变得孤独、退缩，与世无争，甘做井底之蛙，严重妨碍他们的心理健康发展。

　　一般说来，孩子有了自卑心理以后，往往会有这样一些表现：总感觉自己的能力、才智不如别人，什么都比别人差，做什么事都缺乏信心；处处贬低自己，孤立自己，感觉自己这也不行，那也不行；经常把一些自卑性的话挂在嘴边："我不行""我做不了""我确实不如人家"等。行动还没有开始，自己就有了失败的预期；或反其道而行之，以"高傲"掩饰自己内心的胆怯、懦弱，以外在的行为来掩盖内心的恐惧、害怕和忧虑

等等。

那么，孩子的自卑是怎样产生的呢？

自卑心理不是天生的，只是后天的产物。一般说来，孩子自卑心理的形成大体上可分为三个阶段——

第一阶段：遭受挫折。

挫折对孩子来说是各种各样的。比如：有不少学校喜欢给孩子"编班"，这样一来，任何人都能一目了然地清楚哪些孩子的成绩好，哪些孩子的成绩不好。还有大考小考，老师都要排名次张榜，这样，人为地造成"让一些孩子在同学面前丢脸、受到别人冷嘲热讽"等不良现象。对孩子来说，他的成绩差，就是他所遇到的挫折。他不能跨越这个挫折，就可能因此而产生自卑心理。

第二阶段：不能正确地对待挫折。

毫无疑问，任何人都会遭遇到挫折。可是为什么有些人遇到挫折以后，能够勇敢地面对并解决，而有些人遇到挫折以后，却产生了自卑心理呢？其中一个重要的原因是有些人能正确地对待挫折，有些人却不能。

第三阶段：形成条件反射。

在这一阶段中，自卑心理已经在孩子的心里根深蒂固，某一件事自己有能力做好，但由于自卑心理不敢去做，或害怕做得不好。不论大事小事，都长期以旁观者的身份出现。如果老师忽略他，同学疏远他，不免会觉得低人一等，萌发自卑感。孩子失去了原有的进取心、上进心、积极性，从而产生悲观失望、自暴自弃的思想。

懂得了自卑心理在孩子身上形成和发展的过程，怎样做才能有效地让孩子克服自卑心理呢？

首先，父母要帮助孩子树立信心。孩子的自卑心理都是源于"没有信心"，有信心，使不可能的事成为可能，使可能成为现实。重塑孩子的信心，是帮助孩子克服自卑心理的第一要务，要让孩子有充分的理由相信自己，相信自己的努力。 其次，父母要鼓励孩子敢于尝试，不怕犯错，不怕失败。

就如幼儿学走路，必然会跌倒多次，没有跌倒过就学会走路的人是没有的。犯错、失败并不可怕，人不能因失败而失去勇气，更不能认定自己低能而自暴自弃。教孩子不断尝试，从失败中总结经验教训。

再次，要帮助孩子认识到自己在学习过程中的一些成功经验，因为成功的经验越多，孩子的自信心也就越强。孩子对自己的能力往往认识不足，有时可能会做一些力所不能及的事情而导致失败，由此产生自卑心理。父母要引导孩子量力而行，对孩子的要求也应符合其身心发展特点。

最后，父母要强化孩子的自我肯定。对自卑心理严重的孩子来说，他心中的自我肯定往往是脆弱的，飘摇不定的，因而极需要得到外界经常不断地强化。强化孩子的自我肯定方法很多，比如：可让孩子为自己记一本"功劳簿"，让孩子每周花几分钟时间写出自己的"功劳"，也可为孩子准备一些如玩具、画片等小奖品，每当孩子做出一点成绩，取得一点进步时，就可以对他予以奖励。

自卑是逃避努力的隐身衣，是人生道路上的一块绊脚石。当孩子自卑时，我们要对他说："退缩是弱者的行为，勇敢些，孩子，你一定行！"

第三章
谨慎使用责备与奖励

孩子们做的正确的事远远多于他们做错的事。所有这一切都是由于对孩子们小小的进步大加赞许，而不是责备他们的过失。

——【美国】戴尔·卡耐基 成功学家

01 管教得法，
宽严适度

亲子课堂

父母的粗暴和专制会在孩子身上留下永远不可磨灭的阴影，这种阴影可能会将一个原本善良的孩子变成像魔鬼一样的坏人。

一个孩子有只羊，他经常独自一人牵着羊去山坡上玩耍，每当他看到心爱的羊愉快地吃着山上的嫩草时就感到快乐。在孩子幼小的心灵中，那只羊已成为他最好的朋友，他经常把自己的故事讲给羊听。他觉得和羊一起在山坡上晒太阳是最幸福的事。

可是有一天，在阳光的照耀下，孩子躺在山坡上睡着了。他还梦见自己和小羊一起玩耍的快乐情景，但是醒来后却发现羊不见了。

孩子心急如焚地寻遍了整个山坡，仍旧没有看到那只羊的踪迹。天快黑了，他赶紧跑回家把这件事告诉父亲，请他来帮忙找羊。可没有想到，父亲听说羊不见了，二话不说，拿起一根棍子就打，打得孩子遍体鳞伤。

"你给我听着，我只有这只羊，不把它找到就永远别回来……"说完，父亲就把他锁在了门外不准他进屋。孩子伤心极了，他一个人在黑暗的山上奔跑，他始终想不明白父亲为什么要这么狠心地揍他，他自言自语地说："我并不是故意把羊弄丢的啊，小羊是我最好的伙伴，它失踪不见了，我也一样非常的伤心难过。父亲因为我弄丢了他的羊，就不再让我回家，难道羊比我更重要？"

没过多久，孩子抬头看到不远处有一个白色物体，于是他悄悄地走近，看到的正是他丢失的那只小羊在快乐地吃着嫩草呢。可是受到父亲粗暴对待的孩子，这时却一反常态，不是像以前那样高兴地跑过去轻轻地抱

起这只小羊……他举起了身边的一块大石头，哭着对小羊说："都是因为你，让我挨了打，因为你，父亲才会这样对我。"孩子边哭着说，边将石头使劲地向小羊的身上砸了过去。

第二天，人们在山坡的岩石后发现了这只已经死去多时的小羊，而那个孩子后来再也没有回家。

可以想象，那个孩子心里是多么的痛苦，否则他就不会亲手杀了自己最心爱的"朋友"。

父母的粗暴和专制会在孩子身上留下永远不可磨灭的阴影，这种阴影可能会将一个原本善良的孩子变成像魔鬼一样的坏人。

换言之，这位父亲犯了这样的一个错误——管教不得法，宽严不适度。

透过这个故事，我们还会发现家庭教育中，普遍存在的一些管教不当的现象：

1.威胁。一些父母在面对孩子，尤其是年龄较小的孩子时，一旦他们有错误行为，就喜欢用威胁的口吻对待孩子。在大人心目中认为这种威胁十分有用，但实际上并没有什么效果。因为威胁是对孩子自主权的挑战，只要觉得他的自尊受到伤害，他必定会故意与大人对着干，以此来显示他的不屈服。

2.收买。收买就是明明白白告诉孩子，如果他做了（或者不做）某件事，就能得到奖赏。这种行为有时能刺激孩子而暂时达到某个目的，但却达不到永远激励的目的。对孩子来说，这些话就意味着怀疑他的能力。另外，也会导致孩子讨价还价，以"你不给我奖赏，我就不规规矩矩"来要挟大人，从而提出更无理的要求。

3.随意承诺。父母与孩子的关系应是平等的，互相要信任。父母不应向孩子随意承诺，也不应要求孩子做什么保证。如果父母必须依靠保证来强调自己说的是真话，也就变相地承认自己没有保证过的话是不可相信的了。保证会使孩子产生不切实际的期望，一旦孩子觉得希望破灭了，由此带来的结果就是孩子深陷失望之中，造成不应有的心灵伤害。

4.讽刺。父母讽刺孩子，极大地阻碍了孩子的进步。同时也会成为父母与孩子之间交流、沟通的障碍，还会给孩子的自尊心带来伤害，甚至会招来孩子的反击。

作为父母，有责任和义务教孩子知道什么是该做的，什么是不该做的。父母是孩子的第一任老师，对孩子的影响是很深的。每一个父母都爱自己的孩子，但爱孩子绝对不是纵容和放任自流。孩子年幼无知，时常会犯错误，父母就要严格管教，约束他们不正当的行为。要把管教和爱紧紧结合在一起，二者缺一不可。

那么如何才能做到"管教得法，宽严适度"呢？

首先，遇到具体事情时，父母应当和孩子协商、讨论。

在讨论具体的问题中，父母不妨多听听孩子的想法，不要压抑、限制孩子的各种愿望。对孩子提出的合理要求、愿望，尽可能去满足，对孩子的合理建议要认真采纳等等。只有家庭气氛和谐轻松，才能使孩子无压抑感、活泼、愉快。

其次，父母应当把严格管教和尊重孩子相结合。

爱是一种伟大的教育力量，但爱要理智、适度。对于孩子的错误行为要严格管教，给予良好正确地引导，但严格管教的前提是尊重孩子。

再次，要坚持对孩子管教的一贯性和一致性。

教育孩子，要有统一、固定的标准，不能老是变化，父母的要求必须保持一致。孩子理解不了父母的要求，掌握不了行为的准则，自然不能养成好的习惯。

最后，父母应当身体力行，做孩子的楷模。

安娜·摩说："多数子女抗拒管教的原因，是因为父母本身在自己的生活上，没有好好约束自己。"如果父母不自律，他们就不可能成功地管教孩子。父母要特别注意自己的言语、举止、行为，加强自己各方面的修养，以自己的良好素质去影响孩子，真正成为孩子的启蒙老师。

翻阅那些"问题家庭"在孩子的管教上常常犯的错误，我们会发现，这些父母往往存在着这样一些表现：父母本身行为不端，潜移默化地影响着孩子的品行习惯；家庭破裂，孩子受冷落，从而易被社会上的恶习所引诱；父母缺乏科学教育方法，管教孩子时，方法简单粗暴；无止境地满足孩子的要求，使孩子形成贪婪、懒惰、自私、任性的性格；忽视了孩子的教育，或者认为自己的管教方法不奏效，而对孩子放任自流……

常言道："严是爱，惯是害，不管不教要变坏。"孩子的个性、品德都是从小开始形成的。在孩子的思想、行为尚未定型之时，父母能够"管教得法，宽严适度"，为孩子做好榜样，即使孩子存在着一些明显的缺点或错误，也容易矫正过来。

02 给予孩子奖励
和惩罚都要慎重

亲子课堂

　　物质奖励只能满足孩子的物欲，而精神奖励却能满足孩子的荣誉感和自尊的需要。

　　星期天，已经上小学三年级的萍萍，从早上起床就一直在吵吵闹闹，因拒绝吃早餐，被妈妈责骂了一顿后，又转而去和弟弟吵架；一会儿又跑到院子里，把邻居的花草拔了出来，惹得邻居大发雷霆。妈妈把萍萍拉进家门，结结实实地打了她一顿，并责令她只能留在自己的房间内，不允许出去玩。

　　可是没过多久，萍萍却打开窗户悄悄地溜走了。午后，萍萍满身是泥回到家里，妈妈见状后，惊慌失措地说："萍萍！我要拿你怎么办呢？"

妈妈把4岁的妞妞留在停车场的汽车内，然后自己兴高采烈地去购物。妞妞看到妈妈要丢下自己不管便忍不住哭了起来。

"宝宝听话，不哭，妈妈一会儿给你买一个玩具来！"

妞妞问妈妈："买哪一种玩具？"

"一会儿你就知道了。"

一个小时后，妈妈满载而归。她一打开车门，就给了妞妞一只漂亮的玩具熊。

"谁还稀罕这个？我不要，我不要！"很显然，妞妞对妈妈买来的玩具，一点都不感兴趣！

这样的例子在日常生活中并不稀奇，在此列举出来，主要是想传达的意思是：给予孩子惩罚和奖励，很多时候都是徒劳的。换言之，当我们认为真有必要对自己的孩子实施惩罚或者奖励的时候，父母在给予之时应当持慎重的态度——惩罚和奖励对于我们教育孩子永远都是一把双刃剑。

奖励犹如蜜糖，含在嘴里甜在心里，让人情不自禁地渴望，但蜜糖吃多了，也会让人感到腻歪；惩罚则犹如兴奋剂，管得了一时，管不住一世，而且还会出现副作用。因此，父母们一定要明白，奖励与惩罚绝不是目的，而仅仅是教育的手段，所以使用时一定要慎重。

其实，问题并没有出现在孩子身上，关键是在我们父母身上。我们总是以成人的"标准"和长期社会生活中得到的"经验"去衡量孩子的心灵、孩子的生活、孩子的世界。

迷惑不解的父母错误地希望，惩罚能够达到他们所期望的结果，却没有意识到他们所采取的方法，实际上是怎么也行不通的。充其量，只能从惩罚中得到暂时的效果。而在此之后，可能促使孩子发展出更强而有力的反抗和挑战。例子中的萍萍，她的"一错再错"就是有力的证明——再多的惩罚也不会换来孩子的服从。

一方面，我们应该采用一种更有效的方法，去激发孩子产生一种内在的渴望，创造出一种"彼此尊重和体谅"的亲子关系。即使真是到了万不得已、必须体罚或责备孩子的时候，也要努力控制好自己的情绪，慎重地选择处罚孩子的方式。

另一方面，因为孩子的好表现、好行为而奖励孩子。这和惩罚一样，同样会妨碍孩子对事情的看法。随着生活水平的提高，我们一些父母给孩子的奖励规格越来越高，攀比之风愈演愈烈。本来，奖励是为了激发孩子上进，可是许多家庭把奖励当成是一种酬劳或诱饵，或交换条件，使奖励失去了本来的意义。这种奖励，对孩子的成长只会有百害而无一益。

我们提倡的是，尽可能对孩子少一些物质刺激，多一些精神奖励。从心理学的角度分析，物质奖励只能满足孩子的物欲，而精神奖励却能满足孩子的荣誉感和自尊的需要，对培养孩子的自信、自强精神有着积极的作用。

总之，无论对于孩子实施奖励还是实施惩罚，都应当是十分慎重的，都不能欠缺"尊重"的成分。

由于父母不恰当地使用奖励，孩子认为除非对他有好处，否则他们不会去要做任何事情。如果孩子得不到"这对我有什么好处"这一问题的答案，他们就会拒绝合作。孩子的"物质欲望"就是这样可怕地滋长起来的。这样发展的结果是孩子没有任何责任感。

怎样才能保持物质刺激的正面功能，抑制其反面效应呢？我们建议父母们，多注意以下一些问题：

奖励孩子要适当。既然许诺了给予孩子奖励，那就务必"言必行，行必果"。建议奖品以书籍、文具、小纪念品为主，不仅价廉而且物美，而这些对孩子的身心健康也有一定的帮助。

坚持"父母奖励孩子，孩子应当回报父母的爱"这个原则。父母充分利用奖励的手段，教育孩子做好父母的小帮手，使孩子在获得奖励的同时，树立起"只有通过劳动才能获得奖励"的观念。

运用"目的奖励"。给予孩子的任何奖励都应当是有目的的、有条件的，奖励不是大锅饭。要把物质刺激同精神熏陶结合起来，同时不能只讲奖，不讲罚；更不能只讲罚，不讲奖。要让奖与罚和谐地结合起来，真正成为教育孩子的重要手段。

03 过多的责备
   对孩子有害无益

亲子课堂

千万不要在责备孩子之后，便置之不理，否则，感情的裂痕会一直盘踞在孩子的心中。

学校政工处通知马特的父亲去一趟，原因是马特近来在学校的表现多次"吃黄牌"。校方告诉马特的父母，如果马特的表现依然如故，学校就打算劝其休学一段时间。

"你这不可救药的东西，把我们的老脸都丢尽了！我们再也不管你了，你想怎么着就怎么着吧，烂泥扶不上墙壁，你这没用的！"马特的父亲怒气冲天，马特的母亲也帮着丈夫教训孩子："你还是人吗？我们这个家都被你折磨成什么样子了？我都为你害臊，真想替你大哭一场！"

　　美国威斯康星大学著名的教育心理学家德里森经过长达5年的"家庭教育方式和方法对孩子成长的影响"跟踪调查后，他发现92%以上的孩子都对父母的指责表示出"强烈反感"，只有不到4%的孩子选择"如果父母的指责有道理，我可以接受"。此后，德里森开始在全美呼吁："尊重你的孩子，别随意指责他！"

　　随后，在接受芝加哥电视台著名儿童教育节目主持人莱瑞·莫里卡的采访中，德里森归纳出父母责备孩子的十大错误态度：

　　责骂：傻瓜、说谎、没用的东西；

　　侮蔑：你是人类的渣滓；

　　责难：又犯老毛病，你真不可救药；

　　压抑：住口，你敢不听妈妈的话；

　　强迫：我说不行就不行；

威胁：我再也不管你了，再也不照顾你了；

要求：求求你别再这样了；

抱怨：妈妈实在难过得想哭；

贿赂：考一百分就给你买你想要的东西；

冷嘲热讽：你真聪明！居然做出这种傻事！

在上面这个例子中，马特的父母只看到马特眼前的状态，而忘记了一个基本的事实——"马特只是一个孩子"，而所有的孩子都只能是"由一个阶梯到更高一个阶梯地成长"。作为马特的父母，有责任也有义务了解马特在学校的情况，帮助孩子找出"吃黄牌"的原因，再对症下药，和孩子一起找出克服缺点、转变行为的方法和措施。事实上，父母怒不可遏的态度，甚至于侮辱他、不着边际的谩骂并没有使马特"明白"什么，恰恰相反，马特也许会认为："不就是在学校犯了一点错误吗？怎么我就变成了'人渣'？我有那么坏吗？""在父母眼里，我都已经是坏孩子了，也就没有改变的必要了。"一旦孩子的心中有了这样的看法、想法，以后想要再弥补就几乎不可能了。

其实，孩子还小，犯错误在所难免，而错误也并不可怕，可怕的是我们的父母在孩子"犯错误"的问题上，采用了真正错误的处理方式和方法。

对于孩子的缺点、错误，如果父母不能客观地了解事情的真相，分析孩子的心理状态，只是简单粗暴地凭着表象严厉地责备，甚至带着主观色彩逼着孩子认错，不给孩子申辩的机会，那么结果只会适得其反，还会给孩子的心理留下阴影。

儿童心理学家认为，如果孩子幼小的心灵受到最亲近的人的辱骂，会造成他自我怀疑的温床。反之，一个孩子如果经常得到他亲近的人的赞扬、鼓励和关爱，那么这个孩子才会去爱其他人，这也给了这个孩子一个机会，使他能够成长为一个幸福和自信的人。

如果这样，是不是当父母的就不能责备孩子了呢？答案是否定的。孩子的成长离不开父母的教育，一方面我们既要充分地信任孩子自己有能力改变；另一方面我们也要信任自己有能力"跟着孩子的成长而成长"，而不是像修栽盆景般，任意将孩子修剪成自己喜爱的形状。

当孩子真正犯了错误，父母不得不通过责备的方式使其改正行为时，建议不妨参考以下一些责备原则：

第一，尊重孩子的人格。

采用责备方式的前提是要尊重孩子的人格，在充分肯定孩子的成绩基础上再适当责备，让孩子有自己的感觉与立场，孩子也比较容易接受。父母如果不能认清这一点的话，自然无法使孩子心服口服。

第二，必须让孩子了解"为什么会遭到责备"。

如果孩子已经知道了反省改过，父母就不要再严加追究。一意孤行，往往会伤及孩子，效果适得其反。

第三，告诉孩子如何才能避免重蹈覆辙。

责备只是一种手段而非目的，一味地责备，不会有丝毫的实际收益。父母应将自己的想法与做法告诉孩子，让孩子自行判断及决定取舍。

总之，我们在必须责备孩子的时候，应当"心存不忍"。而在事后，则应向孩子伸出"援手"，以消除孩子心中的紧张，从而达到让孩子自我反省、改正错误的目的。千万不要在责备孩子之后，便置之不理，否则，感情的裂痕会一直盘踞在孩子的心中，而没有多余的思考力去做自我反省，无法得知自己被责备的原因。"找不到北"的感觉，只会让孩子依然故我。

04 用夸奖
代替批评

亲子课堂

父母对他们友好，他们会以微笑来回报；父母对他们冷漠，他们则回报于无理取闹。

明明在课堂上扰乱课堂纪律，打扰同学听课，被老师批评了一顿，还被迫写了一篇检讨。他回到家一想，与其让老师打电话告诉妈妈，还不如自己主动先承认错误。于是，他把事情的经过原原本本地向妈妈讲了一遍。本以为妈妈会很严厉地批评自己，没想到，妈妈听完后，说的第一句话是："妈妈非常高兴你能诚实、主动地告诉我这件事。"

望着微笑的妈妈，明明几乎不敢相信。妈妈接着又说："不过，上课扰乱课堂纪律、打扰同学听课是不对的行为。当然，妈妈知道你不是故意要这样做，只是自己没有管好自己。所以，妈妈希望你以后能提高自制力，遵守课堂纪律。不但做一名诚实的学生，还要做一名文明礼貌的学生。"明明使劲儿地点点头，信心百倍地向妈妈保证以后再也不犯类似的错误了。

后来，妈妈和老师做了沟通，老师告诉妈妈，明明的课堂表现真的比原来好了很多。

生活中，经常会出现这样的现象：孩子犯了错误，有了不良的行为，父母就会着急上火，从而斥责甚至打骂孩子，认为这是在管教孩子，他们以后就不会再犯。殊不知，这不但解决不了问题，还会产生更大的副作用。

有些人所认可的"把表扬和批评当成目的，而不是手段，孩子有优点就该表扬，有毛病就得批评"这种看起来公平的思想方法非但不适用，往往还会把事情弄得很糟。在纠正孩子的毛病、错误的行为时，不一定非要用批评的方法，适当的夸奖可能会起到更好的作用，比如例子中明明的妈妈的做法就值得我们每一位家长借鉴。

孩子一旦犯错误，父母就一味地指责、批评，这是最糟糕的教育方式。这样孩子就很难进步，在孩子的潜意识中，他会认为这个错误自己已经犯了，是不可弥补的。久而久之，自信心也会慢慢地丧失。

很多父母妄自尊大，永远高高在上，对孩子缺乏尊重，甚至对孩子进行打骂。惩罚会让孩子的自尊心受到伤害。孩子虽然年纪小，但是他们能够很敏锐地感知到父母对他们的态度。父母对他们友好，他们会以微笑来回报；父母对他们冷漠，他们则回报于无理取闹。

对于孩子的确需要严格要求，但是严格要求并不是让家长保持严肃，一直处于高高在上的地位，板着脸，即使孩子表现很好，也不会对孩子夸奖一声，从来不对孩子做出肯定。如果是这样的严格要求，并不会造就出杰出人物，相反长期生活在这样的教育的压抑之下，孩子就会变成让家长头疼的问题儿童。所以，在对孩子进行教育时，要用夸奖和赞美代替惩罚。

孩子的年龄还小，认识到自己身上的长处并不容易。如果家长看到孩子有毛病就批评，就容易使孩子认识到自己什么都不行。这是最不明智的教育方式。作为父母，要想尽办法增强孩子的自信心，这就需要父母多去正面强化手段。尤其是孩子小的时候，很多缺点都是成长中的正常现象，需要帮助，需要鼓励，更需要信任。

父母应该懂得恰当、及时地夸奖和鼓励自己的孩子，这样孩子才会有信心并积极地对待生活和学习中的各种事情。父母都应该知道，孩子一旦经常得到大人的夸奖，做起事情来就会劲头十足，精神抖擞而且不怕困难。

孩子在成长过程中，出现一些毛病、一些错误是正常的现象，用夸奖代替批评，应该是教育大力提倡的方法。

仅仅一句简单的夸奖之言，就会让胆小的孩子变得英勇，所以，千万不要小看你的夸奖，它会给予孩子自信心，是产生成功的原动力。找出孩子的优点，时常加以夸奖，帮助他树立起自己坚定的信心去解决问题。即使他的学习成绩很糟，即使他犯了一些错误，也不要吝惜你的夸奖。在孩子的成长道路上肯定要经受无数的挫折和困难，作为家长，我们应该竭尽自己的所能去帮助他们，只有让孩子对自己充满信心，才能让他有勇气去面对生活，创造美好的未来。

05 要允许孩子 犯错误

　　小伟4岁了，妈妈总喜欢对小伟说："宝贝，你都长成大孩子了。"听到妈妈这样的表扬和夸奖，小伟的心里非常高兴。小伟自己也在想："我已经是个大孩子了，我要帮妈妈做很多事情。"

　　一天，小伟发现邻居家和他同样年纪的平平正在帮她妈妈洗衣物，小伟心想自己也应当帮妈妈洗衣服。于是跑回家中，拧开水龙头把家里的几个桶、几只盆全都盛满了水，然后打开妈妈的衣柜，把妈妈的衣服全部取了出来……

　　妈妈终于回来了，小伟满脸兴奋地站在妈妈面前，准备接受妈妈的表扬。

　　"我的天！你做了什么啊？"妈妈看到浸泡在水里的皮大衣、毛料套裙、羊毛衫，还有两双皮鞋，一时间气得脸色发紫！

　　在妈妈怒气冲冲的斥责中，小伟惊恐万状、不知所措，终于忍不住"哇哇"大哭起来。

　　意大利著名女教育家玛丽亚·蒙台梭利（1870~1952）举了一个这样的例子：一个4岁左右的孩子，他自己能为自己铺床单了。但孩子铺床单的手艺不高，铺出来的床单总有一些"不对劲"的地方，妈妈看了看说："我的天！全都被你搞得乱七八糟的，你这是做什么啊？"

　　蒙台梭利指出，这个指责孩子的妈妈破坏了孩子的热心、他的生命活力以及做事情的愿望。到了下一次应当铺床单的时候，孩子就会畏缩地离开，并且说："这样吧，妈妈你来做，我不知道怎么做好。"

　　面对这样的情况，妈妈的正确做法是什么呢？

　　蒙台梭利也给出了很好的解答，孩子妈妈正确的做法应当是对孩子说："我们需要换床单了，来，我们再来做这件事。"

"妈妈再做一次给你看。"这就是蒙台梭利所倡导的教学法。其实，蒙台梭利要指出的是"不要怕孩子犯错误""要允许孩子犯错误"。

在蒙台梭利看来，父母怎样对待孩子犯错误、怎样对待孩子改正错误的态度才是重要的。尤其是父母对待孩子犯错误和改正错误的方式、方法，将直接对孩子产生重大影响，决定孩子正确对待和处理错误的态度和行为。

有一个小男孩染上了说粗话的习惯。因为有一个经常跟他在一起玩耍的小伙伴，常常喜欢跟别人说"屁股"这个词，于是小男孩子就学会了，并且带回家去说给父母听。他的母亲觉得很不文明，便加以制止。可是相反，孩子不但没有停止说这两个字，还一连几个星期编造出不少关于"屁股"的话，说什么"天上有个屁股""屁股点心""甜屁股"等。家长气愤得不得了，用了很多的办法来制止他也不管用，后来谁也不搭理他了。当孩子看到说屁股这两个字已经不能引起家长的注意时，也就渐渐地失去了兴趣，再也不说了。

这是因为孩子起初说的粗话得到了旁人的"奖赏"而反复地说，后来没有了鼓励就不说了，曾经使他颇感兴趣的粗话也就渐渐地被遗忘掉了。

蒙台梭利说在传统的管教方式里，孩子的训练是受两条准则的引导：奖赏和惩罚。大部分父母认为，改正孩子的错误和批评孩子是他们的责任所在，幸而这样的父母多半都是采取温和而具建设性的方式；他们把错误看成是罪魁祸首，不惜一切地避免孩子去犯错误。而父母们自己犯了错误，也是小心谨慎的模样，他们从不会向孩子承认自己的错误，希望在孩子面前永远保持完美的形象，但实际上，这种做法对孩子来说，是一种错误的引导。既然惩罚不能使孩子改正错误，那就不妨在孩子犯错误时，采取"让他静静地坐在一旁，让孩子离开他的伙伴"等措施，这种将孩子"孤立"起来的做法，在蒙台梭利看来是行之有效的。和颜悦色地面对孩子的错误，容许孩子逐渐改正过来——这是蒙台梭利教学法最基本的一项原则。

允许孩子犯错误，并不是让孩子毫无顾忌地一直犯错误，这需要父母对待孩子所犯的错误，设立一个合理的限制尺度。

给孩子的自由是有一定限制的。比如给予孩子在教室中自由活动的自由；给予孩子选择的自由；支配时间的自由；孩子自由选择学习或娱乐的自由；自己选择独处或与其他孩子交往的自由……我们所给予孩子的这些自由，应当是在限制之内的——孩子不可以干扰或伤害别人！这就是明确而坚定的合理限制。

孩子需要限制，需要坚定明确的管教原则。"你不能要这个，但是你可以要那个"，或者，"让我们待一会儿再做这个"。做父母的不可对同一件事现在说"可以"，过了片刻又说"不行"，这只能让孩子无所适从。

允许孩子犯错误，让孩子从错误中吸取经验，从中学会处理错误的方式、方法。教育孩子是最考验父母耐性的事。蒙台梭利为此也举了一个例子：一个妈妈忙着要出去，她匆匆忙忙地为孩子扣好所有的衣服纽扣，拉上拉链，然后转身去取车钥匙。等她回头看的时候，孩子身上所有的小纽扣又都打开了……

为什么发生这种事？

蒙台梭利说："因为孩子和我们有不同的目的。"

我们做父母的，之所以做某件事情，是因为我们必须去做——我必须扣好所有的扣子，因为天气很冷。但孩子却另有他的目的——他只是对这些扣子感兴趣！他把扣子全都打开，并且再次享受扣纽扣的乐趣。孩子渴望的就是这种重复的感觉！遗憾的是，我们父母并不了解孩子的真正需要。

但愿所有孩子的父母，都能从蒙台梭利的"纽扣"例子中，得到允许孩子"犯错误"的启示。

06 一不小心，
奖励就成了贿赂

奖励并非一定都是物质上的奖励，精神上的奖励或许更能让孩子珍惜来自于父母的温暖和爱。

阳阳2岁时，依着围栏学步，每挪动一小步，妈妈站在旁边说："宝宝真行！宝宝加油！"一边赞扬着孩子，一边给孩子糖块吃；4岁，阳阳进了幼儿园，能歌善舞，妈妈更是高兴得眉飞色舞。"宝宝真行，你背首唐诗给妈妈听，妈妈给你买玩具熊！""再给阿姨唱首歌，妈妈带你吃麦当劳！"

19岁，阳阳上了大学二年级，妈妈在电话里告诉儿子："如果今年你能顺利拿下托福考试，妈妈将把你的生活费每月提高100元。"

　　阳阳在电话的那一端沉默无语。

　　教育专家把父母对于孩子的奖励分为三种情况：一是父母事先告诉孩子："如果你有某种良好的表现，就可以得到奖励。"二是在孩子有了良好的表现之后，给以奖励；三是孩子并没有什么具体的良好表现，但父母因为喜欢孩子而奖励他。

　　你奖励孩子属于哪一种情况？

　　看看阳阳的妈妈，从她对孩子的一贯态度，可以很明显的看出来是属于哪种奖励方式。

　　"我的孩子，我喜欢""我的孩子，我做主"。在这样的心态，这样的教育方式之下，可怜多少慈母泪，到头来只换得满腔悲伤、一生悲痛！

　　应当说阳阳的妈妈是幸运的，她的儿子的表现应该说还是很好的，面对妈妈提高生活费的诱惑，只是在电话的那一端沉默无语。如果换一个孩子，也许是他先提出要求，然后只能是妈妈在无奈之中束手就擒了。

　　实际上，从一开始，阳阳的妈妈在奖励孩子的方式、方法上，就不是十分明智的。父母应当知道，奖励是对孩子行为的积极评价，是父母教育孩子的一种重要手段。奖励方法运用得好，不但可以增强孩子的自信心，而且还可鼓励孩子不断进步。但这种奖励孩子的前提却只能是"当孩子有了某种具体的、实质性的积极行为，而父母又希望孩子持续下去的时候，才给予孩子奖励。"那种随便许诺，张口就要给孩子买礼物、给孩子钱、带孩子吃好东西的做法，实质上不是在奖励孩子，而是明目张胆地贿赂孩子！

对于孩子在某些方面确实具有良好的表现，教育专家的建议是"可以适当地考虑给予孩子奖励"。其奖励的方法具体包括两个方面的内容：一是给以正常的奖励，使孩子感到愉快；二是当孩子做了某些超出其能力或做起来感到困难的事情时，给予奖励。我们的父母应当记住这样的原则——特殊的待遇是不能轻易给予孩子的！

奖励孩子，对孩子的促进作用是显而易见的。不仅可以让孩子更加努力和自信，而且会促进孩子的智能发展和身心健康，大大增强孩子对学习和生活的信心和勇气，从而激励孩子奋发向上，让孩子健康快乐地成长。同时，让孩子在强烈的自尊心驱使下，获得更好的自我约束能力。此外，恰当的奖励还可以帮助父母与孩子建立积极的关系。因为在孩子的心目中，奖励代表了生活中的一个重要人物对他的爱和尊重。但做父母的必须明白，对孩子的奖励并非一定都是金钱等物质上的奖励，精神上的奖励或许更能让孩子珍惜来自于父母的温暖和爱。

毕竟，奖励的最终目的是要使孩子内心得到自我满足，使美德与成就本身成为一种奖励。

最后我们要再次提醒父母们：奖励是对孩子的好的、可称赞的、某种良好行为的一种报酬，千万不能以自己的喜好随意奖励孩子，否则，一不小心，奖励就成了贿赂。

07 发现孩子的
优点并不难

亲子课堂

任何孩子都有缺点和优点，不要放大孩子的缺点，也不要缩小孩子的优点。

有一天，一位父亲带着自认为是无可救药的孩子去看心理医生。那个孩子已经被严重灌输了"自己没有用"的观念。刚开始，他一语不发，任凭医生怎样询问、启发，他也绝不开口。心理医生一时间也是无从着手。后来心理医生从他父亲所介绍的情况和所说的话里找到了医治的线索，他的父亲却坚持说："这个孩子一点长处也没有，我看他是没有指望、无可救药了！"

心理医生就开始寻找孩子的长处——孩子不可能没有任何长处。他最终找到了这个孩子喜欢雕刻，甚至可以说在这方面具有聪颖的天赋，还颇有成为高手的潜质。他家的家具被他刻伤，到处是刀痕，因而常常受到惩罚。心理医生买了一套雕刻工具送给他，还送给他一块上等的木料，然后教给他正确的雕刻方法，不断地鼓励他："孩子，你是我所认识的人当中，最会雕刻的一位。"

从此以后，孩子渐渐变得开朗了，改掉了不爱讲话的毛病，后来竟然成了一位擅长唇枪舌剑的律师。

哈佛大学第23任校长科南特说："垃圾是放错了位置的财宝。对哈佛大学来说，重要的不是出了6位总统和30多位诺贝尔奖获得者，而是让走进哈佛的每一颗金子都发光。"其实，这个世界上并不存在没有一点儿优点的人，每个人都有独特的长处，只是你没有发掘罢了。

罗兰说："世界上不缺少美，而是缺少发现美的眼睛。"父母的态度决定了孩子的优点能否成为他一生的特长。一些孩子的优点之所以后来没有得到很好地发展，其原因就是来自幼时父母的态度。发现孩子的长处并给其发展的机会，孩子的信心就会得到增强，孩子这种对自己特长的自信会逐渐转移到生活和学习的各个方面，孩子也必然会获得学习或生活的成功。

任何孩子都有缺点和优点。就像我们成人一样，当我们的优点得到别人的肯定时，我们心中充满无比的自豪，拥有了工作的热情和信心；一旦被别人指出了自己的缺点时，即使我们成功了，我们仍然情绪沮丧，有一种不被人承认的悲凉感和孤独感。孩子也是如此。

因此，我们应该睁大眼睛，多发现孩子的一些优点和进步，并给予其及时的鼓励和表扬，让孩子认为自己在父母的眼中始终是最棒的一个，让他们鼓起学习和生活的勇气和信心，让他们充满喜悦地接受自己，让他们对自己的前景充满信心和希望。这样的孩子才会拥有强烈的自信，这样的孩子才能激发出无穷的潜力，在生活上获得更大的成功。

善于发现孩子的优点，既取决于我们对孩子的关爱程度，也取决于我们的胸怀、雅量以及对教育的认识水平。我们不要放大孩子的缺点，而缩小孩子的优点。作为父母，我们一定要有敏锐的洞察力，善于发现孩子的优点，因势利导，充分发挥他们的聪明才智，使他们健康地成长。

08 责备孩子要
   讲究方法

亲子课堂

　　信赖式的语言可以给孩子完成任务的信心、勇气，而冷漠、生硬的语言只会伤害孩子的自尊心。

　　颜甘的爸爸在古玩市场上买回一件"宝贝"，据说是一件乾隆时期的瓷器。平时，爸爸从不轻易把他的"宝贝"拿出来示人。

　　一天，趁爸爸不在家，颜甘约了两个最好的同学来家里，他们都想欣赏一下颜甘爸爸的"宝贝"。

　　"叭！"就在颜甘和同学相互争看，在几双手中传递不停的时候，瓷器掉在了水泥地上！

　　"你这个败家子！你看你干的大好事！" "没想到你这么不懂事，你滚出这个家门吧！""真伤心，就算没你这个人，我也没这么伤心！"颜甘的爸爸回到家，知道"宝贝"被打碎了，愤怒到了极点，开始破口大骂。

另外同学的父母知道这件事情后，觉得自己的孩子给人家造成了极大的损失，纷纷要求赔偿一些。

当他们把残片拿去找人鉴定时，才知道原来这件所谓的"宝贝"是件赝品！

想到爸爸对自己那么严厉的指责，颜甘流下了伤心的泪水。

一般意义上讲，人们都不喜欢被责备，因为这让他们的自尊心受到伤害，感觉没面子，孩子自然也不例外。受到父母的责备时，他们往往会产生一种抵触情绪，使责备难以达到预期的效果。因此，父母一定要注意责备的方法与尺度，要让责备达到春风化雨、甜口良药也能治病的效果。而恰当的责备对孩子的心理影响非常大。作为父母，要采取恰当的指责方法，使孩子心服口服。那么，在面对孩子生活中的种种无法避免的错误，父母究竟应具体采取什么样的责备方式，才有利于孩子引以为戒、改正错误呢？这是每个做父母的应该认真思考的问题。

也许是受传统的影响，一些父母与孩子说话时往往是居高临下式的，用教训的口吻，告诫孩子"不准"或"不可以"做哪些事情。这种方式，对心理依赖性较强的低年龄孩子尚能接受，对年龄大一点的孩子，就会导致越来越厉害的逆反心理。孩子无论大小，都有自尊心，父母对他们的不平等，会在他们心中留下深刻的烙印。以致发展到后来，一些孩子明知父母说的是对的，但因为是父母讲的，也偏偏不听！

其实，如果父母能够从孩子的角度去分析、引导孩子，孩子是完全可以接受的。一般说来，孩子辨别是非的能力比较差，许多行为标准只能从成人的评价中得到。这就要求我们的父母们，要多用鼓励的语言对孩子说话，告诉孩子怎样做才对。

家长尤其要注意的是：责备孩子不等于将孩子当成自己的出气筒，并且去惩罚孩子。要知道，家长的一言一行，都可能对孩子产生永远的影响。孩子都希望得到成人，尤其是父母的信任和尊重，所以对孩子说话还要对他充分信赖才行。比如："今天明明能完成妈妈交给的任务，对吗？""你只要认真学，天天练，一定能学好。"这种信赖式的语言可以给孩子完成任务的信心、勇气。而冷漠、生硬的语言只会伤害孩子的自尊心。

仔细观察我们现实生活中的亲子关系，我们就会发现另外一个问题——少数的父母总是事事对孩子讲理，缺少对孩子的约束和要求。这些推崇民主的父母，在责备孩子的问题上，算得上是极其尊重孩子了，可是孩子却没有什么改变。

父母的责备虽然是出于善意的，看上去似乎是完美的说服教育，但实际上往往遭到孩子的反感和反驳。原因在于孩子已经看穿了父母"讲的理"不正确，他们反驳父母是想以此坚定自己的信心。

不以道理管教孩子的另一个原因是，它与沉默相同，能促使孩子动脑筋思考。当父母详细说明理由时，表面上孩子似乎明白，其实根本没有听懂，因为孩子没有机会、也没有时间去想自己为什么要挨骂。可见，这种责备只能徒有形式，却不会给孩子留下深刻的印象。

那么，什么样的责备方式才是行之有效的方法呢？一位去美国考察幼儿园教育的教师回来说："美国幼儿园的教师善于批评孩子，他们先蹲下来，使眼睛正对孩子的视线。然后，轻轻握住孩子的手，温和地同孩子讲话。无论哪一位教师，在任何情况下，都会采取这种方式。只要以这种姿势握住孩子的手，孩子就会变得很老实，会乖乖地听老师的话。"

这位教师的话可能会对我们大有启发。这种方法能产生很好效果的原因在于，老师与孩子的眼睛同处于一个高度，加上握手动作，缩短了教师与孩子间的心理距离，从而使孩子容易听进批评内容。小孩子受批评时，容易产生不安和恐惧心理，这种爱护是必要的。

这种方法能奏效的更大原因是，规定的姿势、规定的形式能促使孩子严肃起来，而这正是我们大多数父母责备孩子时忽视了的东西！

第四章
让孩子成为生活中的强者

　　告诉你的孩子，你的爱人，或你的员工，他们在某件事上是愚笨的，他对那事完全没有天赋，他做的一切都是错了，你差不多就已经摧毁了他们要进步的各种动力。但如果用相反的方法——慷慨地鼓励他们，让他们觉得事情好像很容易去做，使对方知道你相信他有能力做好，他对这事还有尚未发展的才能——他就会为了胜利终夜的练习不止。

　　　　　　　　　　——【美国】戴尔·卡耐基　成功学家

01 跌倒了，
自己站起来

亲子课堂 ·····························

　　害怕失败就是最大的失败。假如失败了，也要告诉孩子，鼓起勇气再来一次。

　　女儿向当厨师的父亲抱怨她的生活，抱怨事事都那么艰难。父亲把她带进厨房。他先烧开三锅水，然后往第一口锅里放些胡萝卜，第二口锅里放一个鸡蛋，最后一口锅里放入碾成粉末状的咖啡豆。他将它们浸入开水中煮，一句话也没有说。大约20分钟后，他把火关了，把胡萝卜捞出来放入一个碗内，把鸡蛋捞出来放入另一个碗内，然后又把咖啡舀到一个杯子里。做完这些后，他才转过身问女儿："孩子，你看见什么了？"

　　"胡萝卜、鸡蛋、咖啡。"女儿回答。父亲让她靠近些并让她用手摸摸胡萝卜。她摸了摸，注意到它们变软了。父亲又让女儿拿起鸡蛋并打破它，她发现鸡蛋已被煮熟。最后，他让她喝了咖啡。品尝到香浓的咖啡，女儿笑了。她问道："父亲，这意味着什么？"

父亲解释说，这三样东西面临同样的逆境——煮沸的开水，但其反应各不相同。胡萝卜入锅之前是强壮的，结实的，毫不示弱，但进入开水之后，它变软了，变弱了；鸡蛋原来是易碎的，它薄薄的外壳保护着它呈液体的内脏，但是经开水一煮，它的内脏变硬了。而咖啡粉末则很独特，进入沸水之后，它们倒也变成了水。"哪个是你呢？"父亲问女儿，"当逆境找上门来时，你该如何反应？你是胡萝卜，是鸡蛋，还是咖啡豆？"

人在一生中会遇到很多问题，突如其来的挫折或困难会阻挡我们前进的步伐。

有的人成功了，是因为他们能够坚强地面对；有的人失败了，是因为他们遇到困难一蹶不振，失去了继续拼搏的勇气。因此，家长要引导孩子勇敢地面对困难，一旦受到它的威胁，立即想方设法向它挑战。告诉孩子要想取得成功，就要认准目标，坚持不懈。培养坚持不懈的习惯，就会让孩子懂得，在哪跌倒了，一定要在哪儿站起来，继续前行，就会寻找到沙漠尽头的绿洲。

害怕失败就是最大的失败。当孩子已经开始做某件事时，父母要教会孩子专心做事，不要过多考虑成功或失败。即使失败了，也要告诉孩子，鼓起勇气再来一次。英国西南部的瓦伊河畔，有一所由少年探险组织建立的河流探险训练中心，专门为孩子们提供探险机会，培养他们的勇气和坚强的意志。

在那里，孩子们每天一早就来到河边，由专门的人负责教他们游泳和划船。训练是艰苦而紧张的，每一次练习都会有孩子落水或受伤。在激流中拼搏，需要有坚强的意志和勇气。孩子们在这里不仅仅学习了划船、游泳等技术，还锻炼了意志与勇气，同时也懂得了互敬互爱和团结合作。

在英国很多地方都有类似的活动，其目的不是为了学习某种技巧，而是为了锻炼孩子的意志和培养其勇敢精神，为以后的工作和生活做好各方面的准备。

培养孩子的勇敢精神，首先要求父母是勇敢的人。如果父母自身对困难或对带有一点危险性的活动感到害怕，那么培养出的孩子就不可能有勇敢的精神。有些父母为孩子的安危担忧而牺牲了锻炼孩子的机会。事实上，这种做法是很懦弱的表现。

02 不能包办孩子
的事情

亲子课堂

阻止孩子去做自己的事，或者由父母代劳，是对孩子积极性的最严重的打击。

潇潇要参加学校举行的歌咏比赛，一大早妈妈就为潇潇忙开了。首先是打电话问班主任一些关于比赛的情况，一边问一边在本上记录着，生怕落下什么；然后又打电话给潇潇上艺术班的指导老师，请教一些比赛时孩子应当注意的事项；还要马不停蹄地帮助潇潇找服装，选择适当的化妆品等。

潇潇临出门前，妈妈更是叮嘱她比赛时不要惊慌，要这样，要那样，一副没完没了的样子。潇潇说："我都不是小孩子了。"可妈妈还是不放心，潇潇一走，她也悄悄地跟着孩子出发了……

潇潇有个这样"呵护备至"的母亲，究竟是幸运还是不幸？

对孩子，过多的保护、过分的呵护，溺爱中不知有多少父母在教育孩子的问题上是"丢了西瓜，拣了芝麻。"更有甚者，连芝麻也没有拣上，只教出一个一无是处的孩子！

可以肯定地说，像潇潇妈妈这样一味地呵护孩子，什么事情都一手包办，不让孩子插手，其结果必将会影响孩子的发展。

父母们必须明白，我们培育孩子的最终目标是要让孩子能够独立地面对他自己未来的生活。所以，在孩子的日常生活中，应当教导他们学会独立地生活，而不是让他们永远都生活在父母的叮嘱之中。

阻止孩子去做事，或者由父母代劳，是对孩子积极性的最严重的打击，因为这样就会让孩子们失去亲身实践的良好机会，也就相当于是对他们勇气和能力的不信任，这样孩子就容易产生自卑感和危机感。

　　父母既要放手让孩子从自己的手心里"飞"出去，又要保证他们能够"正常飞行"。一方面需要父母对孩子严格的训练；另一方面却不是三分钟热情能够解决的。比如，培养孩子一些简单的日常生活习惯，刚开始父母和孩子都会很积极地按计划实行，但是时间一长，一些父母热情减退，计划也就被搁置一旁，这种对孩子缺乏长久性和一贯性的培养，反而会在孩子的性格中留下很多负面影响。

　　一种与父母过分的叮嘱和过分的呵护截然不同的教育方式是重视培养孩子的自理能力和自强精神。目前，一些发达国家中的父母们，在这方面所取得的成功，他们的成功经验值得我们好好地研究与借鉴。

　　在美国，家庭教育是以培养孩子富有开拓精神、能够成为一个自食其力的人为出发点的。父母从孩子小时候就让他们认识劳动的价值，让孩子自己动手修理、装配摩托车，到外边参加劳动。即使是富家子弟，也要自谋生路。美国的中学生有句口号："要花钱自己挣！"农民家庭要孩子分担家里的割草、粉刷房屋、简单木工修理等活计。此外，还要外出当杂工，出卖体力，如夏天替人推割草机，冬天帮别人铲雪，秋天帮人扫落叶等。

　　在瑞士，父母为了不让孩子成为无能之辈，从小就着力培养孩子自食其力的精神。譬如，一个十六七岁的女孩子，从初中一毕业就去一家有教养的人家当一年左右的女佣人，上午劳动，下午上学。这样做，一方面可以锻炼孩子的劳动能力，让孩子寻求到独立的谋生之道；另一方面还有利于学习语言。因为瑞士有讲德语的地区，也有讲法语的地区，所以拥有一种语言的姑娘通常会到另外一种语言地区的人家当佣人。其中也有相当多的人还要到英国学习英语，办法同样是边当佣人边学习语言。掌握三门语言，就可以去办事处、银行或商店就职。那种长期依靠父母过寄生生活的人，被认为是没有出息或可耻的。

　　在德国，父母对孩子从小就培养他们自己的事情自己做，从不包办代替。德国法律还规定，孩子到14岁就要在家里承担一些义务，比如要替全家人擦皮鞋等。这样做，不仅是为了培养孩子的劳动能力，也有利于培养孩子的社会义务感。 在日本，孩子很小的时候就被灌输一种思想："不给别人添麻烦。"并在日常生活中注意培养孩子的自理能力和自强精神。全家人外出旅行，不论多么小的孩子，都要无一例外地背一个小背包。父母说："这是他们自己的东西，应该自己来背。"上学以后，许多学生都要在课余时间，在外边参加劳动挣钱。大学生中勤工俭学的现象非常普遍，就连有钱人家的子弟也不例外。他们靠在饭店端盘子、洗碗，在商店售货，照顾老人，做家庭教师等挣得自己的学费。

回过头来，看一下我们中国，比较一下潇潇妈妈对孩子那种"事无巨细、孩子的事情由我来办"的培养方式，与这些父母"绝不包办孩子的事情，孩子的事情让孩子自己去独立处理"的培养方式，我们会从中得到什么样的启示呢？

03 培养孩子的
吃苦精神

亲子课堂

孩子不能吃苦，不是孩子不愿意吃苦，而是家长太娇惯孩子。

董必武的小儿子董良翮，是在董必武60岁时出生的。老来得子，董必武对小儿子十分钟爱。当时，董必武在武汉工作，夫人带着孩子在延安。董老写信回家说："小孩子不要穿得太好，只要洗得干干净净就可以了。穿得破一些，人家不会见笑，穿得脏，人家会笑话的。我们栽果树，不浇水，不精心培养，就会枯死。教育人比栽树难啊！"

董老爱儿子，但从不娇惯，更不溺爱。1969年，大批知识分子上山下乡。董老让良翮到了河北晋县插队落了户。走之前，董老把一条在战争年代用了多年、打着补丁的毛巾送给了良翮，说："你是革命后代，更要严格要求自己，生活上不能高人一等，要和群众同甘共苦。"他还说；"你只知道吃粮食，不知道粮食是怎么种出来的，下去后要拜老农为师，从头学起，要做一个普通农民，要听老农的话，听生产队长的话。"

在董老严格的教育下，董良翮积极进取，很快便成为一名党员，受到群众的爱戴。

俗话说："吃得苦中苦，方为人上人""嚼得苦菜，百事可做"。就目前的生活条件而言，吃苦不再是一种为生活所迫的行为，而是做人应该有的一种优良品质。但生活中，有很多家长都不能像董老那样，让孩子接受吃苦锻炼。

养尊处优的生活难以培养出英雄人物和杰出人才，早一天让孩子学会吃苦、学会独立，就是早一天修炼他们身上的优秀潜质。所以，聪明的父母应该注意培养孩子的吃苦精神。

随着社会的进步，人们的物质文化生活水平有了大大地提高，因此孩子也变得娇气了，养成了娇惯懒惰的习性。好逸恶劳，家务活从来不干，连洗衣服、整理书包这样的活都由家长代劳，在学习中没有一点儿克服困难的精神，遇到难题就退缩。也正是这种趋势娇宠出一批"小皇帝""小公主"。

生活可能不需要孩子有太多的吃苦能力，然而，这些孩子长大后即将面临的社会竞争绝不仅仅是知识和技能的较量，更多的是意志和毅力的较量。那么，如何能够在富足的生活中培养出优秀的人才？这就需要父母从小就锻炼他们，培养吃苦的精神，提高他们的独立生活和战胜困难的勇气和能力。

如果父母希望孩子将来在事业上有所成就，成为一个对社会有益的人，那么，培养孩子吃苦的精神就十分必要。要想学习好、练好钢琴、学好舞蹈、画好画、都需要吃苦精神。一个害怕困难、害怕吃苦的人，是很难有成就的。

为了孩子的成功就必须让他吃苦，反过来说，也只有肯吃苦的孩子才能取得最终的辉煌。孩子不能吃苦，不是孩子不愿意吃苦，而是家长太娇惯孩子。李敖有句话说得好："不怕吃苦吃半辈子苦，怕吃苦吃一辈子苦。"那些吃过苦的父母如果不想让自己的孩子继续吃苦，就要让孩子学会吃苦，敢于吃苦，能够忍受苦难，终会苦尽甘来。

04 教育孩子正确对待
挫折和失败

亲子课堂

　　将孩子经历的失败和遇到的挫折转变为学习的机会，而不是让孩子在挫折中沮丧、气馁。

　　维维是全家人的宝贝，深受宠爱，要风得风，要雨得雨，渐渐地越来越霸道，也受不得半点儿委屈，如果在学校被老师批评了，让同学嘲笑了，他都会非常不开心，甚至发脾气。

　　有一天，还不到放学时间，维维突然气冲冲地从学校跑回了家，呜呜地哭着，说什么也不愿意再去学校了。妈妈到学校去了解了情况才知道，因为有同学见他今天的衣服扣子扣错了，嘲笑了他一下，他受不了打击，觉得很丢人。妈妈好说歹说把孩子送进了学校，但是也意识到儿子的心理太脆弱了。

妈妈经过思考，认为这和大人们的管教方式有关，在家里大家都呵护着维维，不让他受一点刺激，总是顺着他，满足他的任何要求，玩游戏也尽量让他当赢家，怕他输了哭鼻子、发脾气。孩子仅仅因为被人嘲笑扣错了扣子就逃避学校，那么将来长大以后，又怎么去应对各种挫折与困难？

妈妈在翻阅了一些书籍后，了解到孩子需要一定的空间和时间，去试验自己的能力，去学会如何对付危险的局势。

妈妈决心对孩子采取挫折教育。晚上维维正看动画片，妈妈叫了几声开饭了，他满不在乎地说："给我送点儿饭来啊。"妈妈说："要吃自己过来吃"。维维又叫："那你给我拿饼干吧。"妈妈还是让他自己拿。维维急了，开始用哭闹威胁妈妈，妈妈不理会，等维维安静了，妈妈说："饿了吧，饿了自己去吃，妈妈还是不会给你送过来。"维维只好自己离开电视去吃饭。

晚饭后，维维和爸爸玩跳棋，爸爸故意不让他，维维急得哇哇叫，爸爸说："输了棋就发脾气的孩子不是好孩子，你再好好想想，怎么可以下赢我。"

生活中，我们经常会看到一些对自己缺乏信心的人，他们做事畏首畏尾，优柔寡断，什么都想依靠别人，这种不自信归根到底是因为害怕挫折与失败。对孩子来说，是否能够勇敢地面对并恰当地处理失败与挫折，往往是他们长大后能否幸福的关键。

挫折是孩子很好的学习机会。很可惜，许多父母却不懂得利用挫折去教育自己的孩子，更不会利用孩子经历失败和挫折的机会，对孩子实施引导和启发。

我们常常看到一些父母往往在孩子经受挫折和失败的时候，大加谴责、恐吓，这样的做法只能一无所获。也许，这些父母的出发点是好的，他们害怕孩子再犯同样的错误，因此以强硬的姿态去纠正孩子的错误。但这样做可能会产生相反的作用——孩子害怕受责备而不敢冒险，从而失去学习新知识、掌握新技巧的热情与胆量；或者因此而产生逆反心理，离父母的良好愿望越来越远。

孩子因为害怕挫折和失败而产生了强大的心理压力，使得那些原本轻易就能够做到的事情，结果做不好了；由于对挫折与失败的恐惧，孩子就会产生不做不错、多做多错的心理，这就会让他失去了尝试一下的念头，从而处于一种始终无能为力的状态。

将孩子经历的失败和遇到的挫折转变为学习机会，而不是让孩子在挫折中沮丧、气馁，教给孩子正确的做法，从而让孩子学会从失败和挫折中汲取经验教训，在不断地改正之中积累经验与勇气，谁说孩子遇到挫折或经受一点失败的考验不是一件好事呢！

实践证明，孩子对事物的反应很大程度上是受父母的影响的。我们应当锻炼孩子有接受生活中的挫折和失败的勇气，而不是让孩子养成依赖别人的坏习惯。

很多时候，父母总是低估了孩子的承受力。认为自己的孩子太软弱了，根本无法对付生活中的难题，正是这种错误的态度导致孩子形成对自己的错误认识和判断——我没有能力应付困难和挫折。另一种情况是，面对种种挫折和失败，如果父母不在孩子面前表现出对他的怜悯的话，孩子就能学会如何去接受失败和挫折，从而调节自己的情绪，找到解决问题的办法。

我们应当树立这样的观念——不要认为孩子做过的任何事情都是失败的，要把我们的关心转变成对孩子的期望和激励，使孩子知道通过自己所做过的事情，得到了什么经验、学到了一些什么知识，这样才能达到教育的真正目的。

发现治疗小儿麻痹症疫苗的科学家庄拉斯·史凯，通过200次的试验才获得了成功。有人因此问他："你的最终发现是最伟大的，那么你怎么看待你前面那么多的失败和挫折呢？"他回答说："在我的生活中从来没有过失败，在我的家庭里，我们从来不认为我们做过的任何事情是失败的，我们所关心的是通过自己所做过的事情，得到了什么样的经验，学到了什么知识，我在第201次试验中成功了，但我如果没有前面200次的经验，就不会得到第201次的成功！"

无独有偶，英国前首相丘吉尔，他也从来不认为失败和挫折是可怕的东西。他说："如果所做的事是错误的，我会仔细地把问题想一遍，以便将来做得更好。"

有人曾经问丘吉尔："丘吉尔先生，你在学校里学到的所有经验中，哪一项是最有效的？如何培养了你成为一个将英国从最黑暗的时刻引向光明的人？"

丘吉尔回答说："是我在高中留级的那两年。"

"你是不是（考试）失败了？"

"没有，我只是发现了殊途同归的原则。英国所需要的并不是聪明和智慧，而是在最困难的时期，能够坚持下去的勇气。"

丘吉尔的回答，也许对我们父母大有启发。当孩子遇到挫折、失败时，不要手把手地教他，而是鼓励他，尽力让他自己去解决问题，孩子也会从父母的鼓励中找到自信心，从而勇敢地面对挫折与失败，并想尽办法解决。

父母应认识到，具有坚强毅力的良好品格、受到挫折后的恢复能力和百折不挠的精神，对孩子以后的成长尤为重要。

05 磨炼孩子的
心理承受力

亲子课堂 ·······································

　　父母不逃避问题，那么在孩子受到威胁时，也能依然昂首接受挑战，不害怕，不退缩，勇往直前。

·······································

　　一个人在顺境中无法得知自己到底能承受多大的挫折，那么当真正的挫折到来之前，我们做好迎接的准备了吗？一个南瓜的承受力会有多大，我们并不清楚，但是美国麻省安城学院却对此进行了一项非常有意思的实验，实验表明，弱小的南瓜也能承受重重的铁圈，南瓜都能承受如此大的压力，何况人呢？

　　这个实验是将一个小南瓜用铁圈牢牢地箍住，研究人员观察南瓜到底能抗住多大的压力。在实验人员看来，一个小小的南瓜无非就只能承受得了250千克的压力。

第一个月，南瓜就承受了250千克的压力。实验人员惊讶不已。

第二个月的时候，实验人员将750千克的铁圈牢牢地箍住南瓜，结果，南瓜也依然承受下来了。

同样，第三个月，南瓜承受了1000千克的铁圈压力。这时，研究人员不得不对南瓜周围的铁圈进行加固，否则力量极大的南瓜肯定也会将铁圈撑开。

全程的研究完成时，小小的一颗南瓜居然承受了超过2500千克的铁圈压力。而直到此时，南瓜的瓜皮才开始有一点破裂的迹象，但研究人员说，这是因为力的作用是相互的，巨大的反作用力而造成了这样的现象。研究人员费了极大的力气才取下南瓜上的铁圈。当打开南瓜的时候，发现南瓜的中间充满了坚韧的纤维层，因为南瓜有冲破重压铁圈的力量，因此急切地需要吸收养分，以提供向外膨胀的力量。

最后，研究人员还发现，这颗南瓜的根向各个地方蔓延，几乎占据了整个花园每一寸土壤，它的根长达8万英尺。

就人类成长的一般规律而言，逆境和挫折更易磨炼人的意志，也更容易造就人才。从逆境中走出来的人既有成功的经验，又有失败的教训，他们更加成熟，具有更强的生命力和竞争力。所以，这些人更具有从容乐观地面对挫折的大将风度。

要让孩子具备这种敢于面对挫折和失败的能力，就必须从小培养他们的心理承受能力。家长在对孩子进行承受力教育时，需要教会孩子如何面对挫折，教会他们在困难面前要坚持自己的信念，不逃避，不退缩，勇敢去面对困难，承受一切的艰辛和失败，勇敢面对现实的残酷，从而练就较强的心理承受能力。

有许多父母不愿让孩子面对现实残酷的一面，总想把他们保护在理想的真空中，这不仅不能让他们学会处理现实问题的本领，还会让他们不能面对现实，产生更强的逃避心理。这是一种极不负责任的行为，长期下去，在出现一丁点的事情时，孩子就会习惯性地寻求父母的帮助和保护，这样的孩子，心理承受力非常脆弱，完全经受不起人生的打击和磨炼，因此也不能健康成长。

要磨炼孩子的心理承受能力，父母要言传身教，为孩子树立一个好的榜样。父母不计成败，那么在孩子的成长过程中，他们的字典里也不会有"不可能""失败""行不通""没希望"等字眼；父母不逃避问题，那么在孩子受到威胁时，也能依然昂首接受挑战，不害怕，不退缩，勇往直前。父母辛勤劳动，不依靠别人生活，那么孩子也会相信，沙漠的尽头会是绿洲。

经常受到鼓励与表扬的孩子，自信心和承受力都会相应提高。在孩子取得哪怕是极小的进步时，父母都应该给予孩子赞美和适度的表扬。表扬孩子需要讲求技巧，不能过度，否则会导致孩子骄傲自满的情绪。同样的，在孩子犯了错误的时候，家长也不要迁就，要针对事情性质，严厉给予批评，等孩子冷静下来的时候，要正确引导孩子。

作为父母应该告诉孩子这样一个道理：无论在生活中还是在学习中，都必然会遇到很多的困难和挫折。你必须成为一个坚强的人，如果有退缩之意，就不能继续向前。所以，认准一件事后就要尽力而为，只要有恒心，只要能够坚持，那么一切困难都会迎刃而解。

06 理财教育
从孩子抓起

亲子课堂

　　理财是一种生存技能，让孩子学习理财是非常现实和必要的选择，理财教育应该伴随孩子的一生。

　　刚满19岁大学还没有上完的戴尔，靠出售电脑配件赚到了1 000美元。

　　拿到这笔钱的当天，他在日记中写下了使用这1 000美元的三种计划：举办一次由所有好朋友参加的盛大酒会；买一辆二手福特轿车；成立一家电脑销售公司。

　　经过反复思考，戴尔终于否定了前两种方案，尽管它们是那样诱人。最后，他还是用这1 000美元注册了公司，开始代销IBM电脑。他赚到了足够的钱后，就开始自己组装电脑，并推出了自有品牌。各个档次的用户都能接受，因为可以采用世界上各家电脑公司的配件，因此戴尔电脑很快成为热销品牌。现在，戴尔的个人财富已达214.9亿美元，在全球富翁榜上名列前茅，而戴尔电脑的销售额位居全球第二，利润额全球第一。

　　同样用1 000美元创业的人还有美国铁路大亨詹姆斯·希尔，并且詹姆斯·希尔的这1 000美元的创业资金还是借的。他首先与人合伙创办了一家经营谷物和肉类的公司，然后开始涉足铁路建筑行业，一步步成为世界级超级富豪。在詹姆斯·希尔89岁的时候，他回答他成功的秘密就只有简单的一句话，他说因为他知道应该怎么使用那1 000美元。

　　理财是一种生存技能，让孩子学习理财是非常现实和必要的选择。理财教育伴随孩子的健康成长，对于成长中的孩子来说，必须培养这种智商，以后才能在社会上立足和生活。

　　理财能力是孩子必须具有的最重要的能力之一，这种能力的培养应从孩子抓起，愈早效果愈佳，否则就会非常被动。

　　让孩子从小懂得金钱的价值、使用规则、社会对金钱的看法，将金钱与人格的关系引向健康而非扭曲的状态，是父母必须接受的任务。正如一位经济学家说："孩子不能在金钱无菌室里培养。"

金钱是交换的媒介，用劳动交换自己想要的东西，本来就是人类智慧的体现。理财问题也不是什么庸俗的问题。当孩子有了自己的积蓄时，如何支配这些钱，将直接关系到孩子的发展，是人生能否幸福的一个重要因素。然而有些家长还是觉得这些事情不应该让孩子过早地沾染，就算在金融发达、教育开放的美国，至今也没有开设针对孩子的理财课程。

但这并不等于说理财教育是不需要的。在我国山东潍坊市一所中学对学生进行了一次"假如我有1000万元"的调查，这些中学生的答案五花八门，但不少学生在一两天之内就把1000万元"花"完了，完全没有一点理财意识。如果他们真的有1000万元，这笔财富将在他们手中成为泡沫。

之所以出现这样的情况，主要是因为孩子年龄小，没有收入，金钱意识不是很成熟，他们对钱有着强烈的要求和欲望，这就导致孩子在用钱方面出现了种种错误，这些错误直接关系到他们自身的成长。因此，家长更有必要加强对孩子的理财教育。

理财教育其实就是一种工具和手段。理财教育的目的并不仅仅是让孩子学会攒钱或经商，而是要通过理财教育把他变成一个能干的、健全的、合格的人。给孩子讲理财，就是让孩子明白一些简单的金钱规划原理，具体到自助游的花费、各国的物价、交通费用的比较等，是为了培养孩子基本的财商。

什么是财商？财商是衡量你能留住多少钱以及让这些钱为你工作多久。财商是人作为经济人在经济社会中的生存能力。财商的高低在经济社会甚至比智商的高低更能决定一个人的生活质量。财商高的人，就算收入一般，也能过得有滋有味，所以父母对孩子的理财能力的培养也是为了孩子更好地生活。

巴西教育专家给理财教育提出一些建议：教孩子思考现在需要什么和现在想买什么，让他自己权衡并作出选择。在平时逛街的时候，教孩子识别物品的贵贱；带孩子去自己工作的地方参观，让他理解劳动和金钱的关系；鼓励孩子参与制定家庭预算，让孩子提出一些节省开支的方式；把社会责任和道德融入孩子的思想中，即使在花钱的时候也不能忘记；从三岁起，就将每月零花钱一次性交给孩子，让他自己安排如何花费；孩子决定购买某种物品时，家长先不要发表意见，因为他正在学习自己做选择，除非他想购买的物品违背道德和秩序；对孩子的失误不要大惊小怪，他会边错边改；不要因为未能满足孩子的所有要求而内疚，孩子会因为失望而更加成熟和有责任心；不轻易买礼物，也不以不给零花钱作为惩罚手段。

作为家长，教会孩子如何支配金钱，对孩子的将来大有益处。对孩子能否实施正确的理财教育，在很大程度上决定着孩子将来的人生。

07 让孩子学会
独立生活

> 除了阳光和空气是大自然的赐予，其他一切都要通过自己的劳动获得。

宇宙中有一颗星，叫南瓜星。南瓜星上的孩子们舒适极了，他们一丁点儿活都不用干。爸爸妈妈们都说："你们只要好好学习就行！"

为了不耽误儿子看书，儿子的鞋带总是由爸爸来系。为了让女儿多练一会儿钢琴，妈妈拿着小勺亲自给女儿喂饭。

南瓜星上的孩子们真有出息：在这里，2岁的小孩儿会书法，会画画，会打算盘；3岁的小孩儿会唱歌，会跳舞，还会下围棋；4岁的小孩儿能演奏99种乐器……

地球上的小孩儿到6岁半才上学。可是，在南瓜星上，6岁半的孩子都已经大学毕业了。这些大学生们学到了许多知识，偏偏没有学会干活。

日子一年一年过去了。终于有一天，南瓜星上的爸爸妈妈们都老了，都去世了。从此，这个星球上再也没人会系鞋带，会使小勺了……

不会系鞋带怎么走路呀？不会使小勺怎么吃饭呀？没办法，总统只好派飞碟去地球上请老师。

很快，地球上的老师请来了。这些老师是谁？是幼儿园的小朋友！有大班的、中班的，也有小班的。

幼儿园的小朋友开始给他们上课了。小班的孩子教南瓜星上的人用小勺吃饭；中班的孩子教他们系鞋带、扣纽扣；大班的孩子教他们叠被子、扫地、洗碗……

南瓜星上的人跟地球上的小朋友学会了本领，也明白了一个道理，那就是：孩子们从小要学会独立地生活，不能什么事情都依靠爸爸妈妈。

婴儿来到这个世界，往往会由于弱小而感到束手无策，但是他们仍旧要有勇气进行各种尝试，学习各种方法，使自己能够融入世界之中。但是，在许多父母心目中，孩子永远是孩子，任何时候都需要疼爱和保护。害怕他被风吹到、被雨淋到，舍不得他吃苦受累、委屈伤心，凡事都要设法代为筹谋、安排，甚至亲手代劳。

生活中常常会发生这样一幕幕的场景：妈妈怀里抱着三四岁的孩子走路，不顾孩子挣扎着要自己走；爷爷送孙子上学时执意要替孩子背书包；爸爸甚至替孩子完成家庭作业。这些家长不是怕孩子不会做就是嫌孩子做得不好，要么就是担心他受伤；要么就叮嘱这个危险，那个不能碰……

其实，父母过多的干预与太多的指责，反而让孩子缩手缩脚，遇事不敢自己做主，既不想动脑思考，也没有动手的欲望。孩子迟早都要自己单独去面对生活，让他们从小就学会独立自主，是很有必要的。

对于培养孩子的独立性，家长必须要有正确的认识，不要因孩子小能力弱就心疼他，而实行包办代替；也不要怕孩子做事花费时间，惹麻烦，而包办代替；更不要怕让幼小的孩子做事被人误解不疼孩子，而包办代替。

事实上，让孩子适当承担一定的家务劳动，不仅有助于培养孩子的自理能力、独立意识，还有助于培养孩子的责任感，使孩子对自己的生活、行为负责，同时还能培养孩子爱劳动的良好品质，对孩子今后的成长十分有益。

我们不妨来看看其他国家的父母是如何培养孩子独立生活的：

在加拿大一个记者家中，两个上小学的孩子每天早上要去给各家各户送报纸。看着孩子兴致勃勃地分发报纸，当记者的父亲感到很自豪："分这么多报纸不容易，很早就起床，无论刮风下雨都要去送，可孩子们从来都没有耽误过。"

日本教育孩子有句名言：除了阳光和空气是大自然的赐予，其他一切都要通过劳动获得。孩子很小的时候，父母就给他们灌输一种思想："不给别人添麻烦。"

富兰克林说："人类一生的工作，无论精巧还是粗劣，都由他的每一个习惯所决定。"如果能从小培养孩子的独立性，这对于孩子今后生活的幸福和成功无疑是有巨大帮助的。孩子的天性在很大程度上取决于自主的能力。自主的目的是让孩子成为一个有主见、可以自我调节的人。

要知道，父母包办了一时，包办不了一世，唯有永远的爱护和耐心，才是对孩子最大的支持！

08 让孩子扔掉依赖的拐杖，
不做事事代劳的父母

亲子课堂 ·····································

　　父母能替代孩子一时，却无法替代一世，早日放手，让孩子
用自己的脚走路吧！

·····································

　　美国总统约翰·肯尼迪的父亲从小就注意对儿子独立性格和精神状态
的培养。有一次他赶着马车带儿子出去游玩。在一个拐弯处，因为马车速
度很快，猛地把小肯尼迪甩了出去。当马车停住时，儿子以为父亲会下来
把他扶起来，但父亲却坐在车上悠闲地掏出烟吸起来。

　　儿子叫道："爸爸快来扶我。"

　　"你摔疼了吗？"

　　"是的，我自己感觉已站不起来了。"儿子带着哭腔说。

"那也要坚持站起来，重新爬上马车。"

儿子挣扎着自己站了起来，摇摇晃晃地走近马车，艰难地爬了上来。

父亲摇动着鞭子问："知道为什么让你这么做吗？"

儿子摇了摇头。

父亲接着说："人生就是这样，跌倒、爬起来、奔跑，再跌倒、再爬起来、再奔跑。在任何时候都要全靠自己，没人会去扶你的。"

孩子不可能一辈子在父母的翅膀下生活，也不可能一辈子拄着拐杖行走，他总有一天要离开父母走向社会，走向自主的生活。"授人以鱼不如授人以渔"，父母应该帮助孩子改掉依赖的习惯，学会自己去生活，这是"开启世界之门的钥匙"。

帮助孩子改掉依赖的习惯，做父母的就应该从自身做起严格要求自己，不能什么事情都代替孩子做。父母能替代孩子一时，却无法替代一世，早日放手，让孩子用自己的脚走路才是正确的选择。

每个孩子都有自身的特性和幸福、快乐。有的家长不顾孩子的天性和意愿，以过来人自居，越俎代庖地为孩子的一生画下明确的线路，让孩子按照自己制定的目标和路线去努力。这样的做法看起来似乎是为了孩子的将来着想，实际上则不利于孩子责任意识的养成和培养，也是父母极为自私和残酷的体现。优秀的父母给予孩子最好的东西就是教会他们生存和生活的能力，而不是满足、娇惯、溺爱，这样才能给予他们一个健全的人格和自信的人生，才是真正的爱他们。

鲁迅先生曾说："子女是即我非我的人，但既已分立，也便是人类中的人。因为即我，所以更应该尽教育的义务，教给他们自立的能力，帮助他们改掉依赖的品行，锻炼他们的责任意识；因为非我，所以也应同时解放，全部为他们自己所有，成为一个独立的人。"这段话的意思是说：子女，是我的孩子，又不完全是，他与母体分开后，成为人类中一个独立的人。因为是我的孩子，作为父母就有教育他的义务，主要是教给他自立的能力，帮助他们改掉依赖的习惯，锻炼他们的责任意识，而不是任何事情都帮助他们处理。因为他不完全是我的孩子，所以要解放孩子，使他们完全成为独立的人。

凡是孩子自己能够做到的，应该让他们自己做；凡是孩子自己能够想到的，应该让他们自己去想。只有这样，孩子才会明确自己的责任，并勇于承担自己的责任，才能成为真正独立的人。那么，父母怎样做才能让孩子摆脱依赖，走向独立，从而成为一个有责任意识的人呢？

第一，帮助孩子摆脱依赖心理，因为依赖心理不仅使人丧失独立生活的能力，还会使人缺乏责任感，造成人格缺陷。因此，必须让他们学会依靠他们自己。

第二，在社会生活中多实践、多锻炼。让他们学会独立地生活、学习，自主地处理生活、学习中的各种问题。这样，孩子才能更好地掌握本领，将来走上社会，就不会依赖别人，就能自己照顾自己。这样，在人生的道路上就会走得很辉煌。

09 教会孩子
自我保护

亲子课堂

　　自我保护能力是孩子必须具备的基本能力之一，只有具备了自我保护能力的孩子才能冷静坚强地面对成长道路上的各种危机。

　　小蜗牛爬到妈妈身边问："妈妈，为什么我们一生下来就要背负这个又硬又重的壳呢？"

　　妈妈答道："傻孩子，因为我们的身体没有骨骼的支撑，只能爬，但又爬不快，所以需要用这个壳来保护！"

　　小蜗牛不解地问："那毛毛虫哥哥也没有骨头，也爬不快，为什么他却不用背这个又硬又重的壳呢？"

　　妈妈说："因为毛毛虫哥哥能变成蝴蝶，到那时天空会保护他啊！"

　　小蜗牛还是忍不住问道："可是蚯蚓弟弟也没有骨头，也爬不快，也不会变成蝴蝶，它为什么不背这个又硬又重的壳呢？"

妈妈耐心地答道："这个啊，因为蚯蚓弟弟会钻土，大地会保护他啊！"

小蜗牛听到这里哭了起来："妈妈，我们好可怜，天空不保护我们，大地也不保护我们！"

妈妈笑着安慰他："孩子，所以我们有壳啊！我们不靠天，也不靠地，我们靠自己来保护自己。"

的确，自己保护自己才是生存之道。而孩子要安全顺利地成长，同样需要自我保护能力。自我保护能力是孩子必须具备的基本能力之一，只有具备了自我保护能力的孩子才能冷静坚强地面对成长道路上的各种危机。所以，作为家长，要注重孩子自我保护能力的培养。

另一方面，在复杂多变的社会，未来的形势经常是不可预测的。如果孩子不会自我保护，就会被困难、危险打倒，进而一蹶不振，灰心丧气。从这一点出发，为了孩子的将来，父母也有必要培养孩子的自我保护能力。

培养孩子的自我保护能力，不是一朝一夕就能完成的工作，要从生活中的点点滴滴做起，需要父母用智慧的双眼去发现任何一种危险，并对孩子进行施教，教会孩子如何去辨别各种危险，以及如何避免和处理各种危险状况。以下列举几种常见的情形加以说明：

第一，洗澡时——

当父母给孩子洗澡的时候，可以对孩子进行爱护身体的教育，给孩子讲解身体各个器官的名称和功能，让孩子懂得每个器官都很重要，都要好好保护。并告诉孩子一些可能伤害到身体的事、物和动作，以及一些简单的自我保护方法。

第二，过马路时——

马路是最重要的"自我保护教室"，当家长带孩子过马路的时候，家长可以在实践中告诉孩子各种交通标志的意思，并告诉他如果看到这些标志应该怎么做。另外，家长有必要让孩子明白一些最简单实用的交通规则，如过马路要走人行道线、红灯停绿灯行、斑马线的作用等。

第三，遇到陌生人时——

如果陌生人送东西，家长应该引导孩子要礼貌地谢绝，坚决不能要；当孩子发现有陌生人跟着他的时候，要让孩子机智地躲开尾随者；如果陌生人强迫孩子跟他走，孩子要大声尖叫并向附近有人群的地方跑；孩子一个人在家的时候，无论陌生人说出何种理由，都不要给他开门；如果孩子万一走丢了，可以求助110，千万不要跟陌生人走。

第四，遇到意外情况时——

当孩子遭遇失火、地震等自然灾害的时候，要大声喊叫，提醒其他家庭成员迅速逃离，并立即给急救中心或者医院打电话。如果在意外中受伤，如果伤口流血不止，应马上用干净布，例如：毛巾等，将伤口包扎，然后，给家长或者120打电话请求帮助。

以上这些看似简单的安全保护措施，应该深入到孩子的内心，让孩子学会遇事不惊、随机应变。每个父母都爱孩子，如果能将对孩子的爱转化为对他们生存能力的培养、对他们健康人格的锻造，那么他一定是一个健康的孩子。

10 让孩子自己
训练自己

　　瑶瑶的爸爸是一个教师，针对瑶瑶学习上的偏科现象，爸爸对瑶瑶说："期中考试，你的语文、历史、地理成绩都比较好，如果单独看这三个科目，那么你这三科的总成绩可以进入全年级的前10名。但是，你的数学、物理、化学三科就考得比较差，如果以这三科的总成绩看，你只能排在全年级的100名之后。这样吧，爸爸给你设定一个目标，期末考试，如果你能把数、理、化三科的总成绩排名到全年级的前80名左右，爸爸就在家里给你开一个庆功会……"

"不就是提高20名吗？我做得到！"瑶瑶信心十足地回答爸爸。

瑶瑶和爸爸各自心里都有一本账——爸爸认为，如果女儿能够把数、理、化三学科的考试成绩向前提高20名，也就是排名全年级的前80名左右，那么，依据瑶瑶在文科方面已经具备的实力，两相结合，瑶瑶在全年级的总排名远不止80名，会向上靠近许多。瑶瑶也有自己的想法，认为爸爸的要求不高，只要自己稍加努力，很容易就能达到。

瑶瑶的爸爸很清楚，为孩子设定一个"小目标"更容易让孩子觉得轻松、容易接受、容易实现，更加有利于孩子学习上的循序渐进。

瑶瑶爸爸的这种方法，心理学上称为"目标行为"。通过大量的实践表明，目标越小、越具体，人的行为表现得越积极。对于大多数孩子而言，经常让孩子自己制定出明确的、具体的、容易达成的目标，非常有利于孩子的进步！

从小的目标入手，让孩子自己去训练自己，关键在于孩子制定的目标能具体到什么程度。为此，在制定行动目标时，不妨指导孩子尽可能把目标落到具体的、实在的、能够感觉得到的目标上，总之，要具体而真实。

我们经常发现有些孩子在学习上表现出半途而废的状态。面对如此缺乏持久力的孩子，不妨采用分割的方法，即把最终目标分割成几个小目标，由易到难，一步一步前进。第一个目标实现后，再向第二个目标迈进，如此一级一级向上攀登，最终达到既定目标。

以孩子学钢琴为例，我们来具体解释一些这种"分割法"的应用。开始时，父母要布置少量的、较为简单的作业，使孩子容易完成，让孩子从完成简单任务、实现了自己的目标中获得成功的喜悦。再让孩子的这种喜悦与成就感，成为他向下一个目标挑战的精神动力。

如果最初制定的目标过高，一旦遭遇失败，就会打击孩子的自信心。通过累积实现难易适度的小目标来增强信心，有助于培养孩子的毅力。

此外，为了配合孩子实现"分割目标"的训练，父母最好是让孩子"先把一件事情做好，然后才做第二件事情"。这要求孩子要反复做"第一件事情"，直到完全成功为止。事实上，只要孩子能够这样去训练自己，那么，他的持久力和忍耐力就会得到加强，这正是现代孩子所普遍缺乏的能力。

让孩子自己训练自己，把"大目标"分割成一个一个小的目标，然后从"小目标"入手，以最简单易行的办法，每天一点点，有恒心、有毅力地坚持下去。这样，既培养了孩子战胜困难的勇气和精神，也达到了提高孩子能力的目的。

而在制定目标的过程中，父母的命令要少一点，协商多一点。

"杰西，你不能那么做！"

"伟伟，星期三之前你必须完成钢琴教师布置的全部作业！"

"珠珠，这次考试你必须拿到100分，否则妈妈就不带你去张家界旅游了！"

"你务必拿到全年级第一名，孩子！"

"考不上××中学，你就别再进我们这个家门！"

当您让孩子执行规定，或是给孩子制定限度时，一定要考虑到以下两点：

（1）对孩子提出要求，制定一项长远的规则；

（2）充当权威角色，在一定的限度内给孩子以裁决和行动的自由人。

我们都知道一个基本的事实——孩子的年龄小。因此我们教育孩子最重要的方式之一，是用规定和规则来管理孩子的行为。无数的实践告诉我们：强制孩子执行规定，比为此而与孩子争论要容易得多！

我们的问题是："究竟对孩子实行多少规定。或者说多大程度上我们对孩子的命令是可行的，多大的程度上我们对孩子的命令是行不通的。"

在上面的例子中，杰西肯定不会明白他为什么不能那么做；伟伟也不明白钢琴教师的作业，为什么就不能延期到星期四才去完成；至于珠珠就更不明白，考试得100分与去张家界旅游有什么必然的联系；不用说，考不上重点中学就再也回不了家的孩子，他分明就是在面对一桩崭新的冤假错案！

面对如此这般"没有道理，也不讲道理和不要道理"的命令，孩子们能够心悦诚服吗？为什么我们的父母都那么普遍的健忘？忘记了自己也曾经"孩子"过？

也许，父母对孩子有明确的规定与限制，要求他们严格地、始终如一地执行规定，是孩子健康成长必不可缺少的因素。但现代教育研究成果则进一步表明，如果我们的父母能始终够做到给孩子以热爱和温暖，又能够在约束和热爱之间适当加以平衡，那么，以这样的方式所培养出来的孩子，他们更能够适应现代生活。

给孩子爱和温暖、在约束和热爱之间加以平衡，正是良好的亲子关系所协商、协调的结果。它对于孩子来说，是鼓励孩子发表"不同意见"的最好方式，父母则通过建立一种"规定"帮助孩子解决困难。这样，既可以使孩子在约束自己的行为上获得经验，也可以让父母对自己确立的"规定"做出必要的改变和修正。

11 明智的父母
不会溺爱孩子

亲子课堂

　　父母对孩子真正的爱，就是让孩子尽早作为一个独立的个体从家庭中分离出去。

　　小敏的妈妈是一个全职太太，体会到丈夫在外面工作不易，她要求自己把家里的事情打理得事事顺心。在对小敏的教育上，妈妈积极地给孩子报辅导班，按时接送孩子，一日三餐都按照营养书上推荐的搭配，保证孩子的身体健康。

　　平时孩子的任何事情，包括收拾书包、穿衣梳头、放水洗澡等都由妈妈一手操办。在家庭内务上，妈妈尽心尽力，毫无怨言。

　　而小敏却没有感觉到妈妈的辛苦，在她看来，妈妈所做的一切都是理所当然的，如果哪一次她发现妈妈没有帮她把书包收好，或是给她准备的第二天上学时穿的衣服不如意，就会委屈得掉眼泪。爸爸长期不在家，妈妈就成了小敏最亲密的伙伴，但凡遇到困难，妈妈总是第一时间帮她解决，但小敏还是常常和妈妈怄气。

天下没有哪一个父母会不爱自己的孩子，父母恨不得把所有的爱都给孩子。例子中小敏的妈妈的爱却变成了溺爱，这种做法可以理解，但不明智。溺爱不仅仅不利于孩子的成长，还会对孩子的品行、性格和成长等各方面产生负面影响。

父母们溺爱孩子，无非是希望孩子生活得幸福。有的父母知道自己无力保护孩子的一生，便越发地对孩子有求必应、百般顺从。孩子是需要经受挫折才能健康成长的，溺爱只会让孩子形成不好的生活习惯和性格。但是很多父母并不知道，自己给予孩子的爱代表着什么，孩子的成长过程中需要什么样的爱。

鸟妈妈的故事就说明了同样的道理：

　　一只鸟为避免灾祸，开始把窝筑在树的高处。孵出小鸟以后，它很喜爱，生怕小鸟从高处的窝里掉下来摔死，于是把窝向下移了移。等小鸟身上长出了羽毛，非常漂亮，它更是加倍喜爱，越发地怕小鸟摔下来，又一次向下移动鸟窝，移到离地面很近的树杈上。这样，鸟妈妈放心了，然而当路过树下的行人发现小鸟时，稍一举手便把小鸟掏走了。

　　这则故事中的鸟妈妈就是用自己的爱，为孩子埋下了一个温柔的陷阱。而所有普天下的妈妈几乎同鸟妈妈一样，她们应该仔细体会一下美国女小说家菲席尔的话："母亲不是赖以依靠的人，而是使依靠成为不必要的人。"

　　如果总是无条件去满足孩子的所有要求，孩子长大后就会养成好吃懒做、任性的性格，缺乏奋斗精神；不恰当地表扬孩子，会造成孩子长大后心高气傲。

　　被溺爱的孩子很难遵守规矩，也不懂得自我约束。由于凡事都由父母代劳，这样的孩子往往有太多的优越感，做事情眼高手低，也不善于与人相处。

　　在溺爱中长大的孩子往往没有安全感、依赖思想严重，缺乏自信心，不易形成独立的人格。被溺爱的孩子总是以自我为中心，他们不会去关心、关爱周围的人。被溺爱的孩子往往很难建立一个健康的自我。

　　总之，溺爱孩子导致的结果是：孩子没有学会生活的技能，对自己没有任何信心，遇上一点困难就退避三舍，或者认为总是会有人来帮助自己的，无法独立处理任何事情，事事都依靠别人。这样的人，肯定在社会上是极难生存的。

　　这个世界上几乎所有的爱都以聚合为最终目的，只有父母对孩子的爱是以分离为目的。父母对孩子真正的爱，就是让孩子尽早作为一个独立的个体从家庭中分离出去。

第五章
帮助孩子取得好成绩

人天生不一样，生命的高贵在于每个生命和其他生命都不一样。人的培养过程应该是一个个性的培养过程，但我们往往把个性理解错了，以为调皮捣蛋、胡思乱想的人才富有个性，其实不是这样。当一个人对事物有独特的感觉能力和把握能力时，他就是一个有创造力的人。

——【中国】孙瑞雪 儿童教育专家

01 帮助孩子树立一个
切实可行的目标

亲子课堂 •┄┄┄┄┄┄┄┄┄┄┄┄┄┄┄┄┄┄┄┄┄┄┄┄┄┄┄┄┄┄┄┄┄┄┄┄┄

目标和梦想一样，是一个人成功路上的里程碑。
┄┄•

　　成功学专家拿破仑·希尔说过："不甘做平庸之辈的人，必须要有一个明确的追求目标，才能调动起自己的智慧和精力，全力以赴为自己的目标而行动。"目标在孩子的成长过程中至关重要，因此，我们在教育孩子的时候，要帮助孩子树立一个适合他自己的目标。

　　有一年，一群踌躇满志、意气风发的学子从哈佛大学毕业了，他们的智力、学历、环境条件基本都相同。临出校门，哈佛对他们进行了一次关于人生目标的调查。结果是这样的：27％的人，没有目标；60％的人，目标模糊；10％的人，有清晰但比较短期的目标；3％的人，有清晰而长远的目标。

25年后，哈佛再次对这群学生进行了跟踪调查。结果是这样的：3％的人，25年间他们朝着一个方向不懈努力，几乎都成为社会各界的成功之士，其中不乏行业领袖、社会精英；10％的人，他们的短期目标也基本实现，成为各个领域中的专业人士，大都生活在社会的中上层；60％的人，他们安稳地生活与工作，但都没有什么特别的成绩，几乎都生活在社会的中下层；剩下的27％的人，他们的生活没有目标，过得很不如意，并且常常在埋怨他人、抱怨社会、抱怨这个"不肯给他们机会"的世界。

其实，他们之间的差别仅仅在于是否明确自己的人生奋斗目标。不知道或者不清楚自己人生目标的人，在人生前行的路上就会迷茫，浪费了宝贵的时间、精力，最终一事无成。

目标不是别人的希望，不是他人的要求，而是对自己人生的一种能动性构想。哈伯特说："对于一只盲目航行的船来说，所有的风都是逆风。"只有明确了目标，人生才有了奋斗的方向。目标就是指南针，只有朝着目标前进，你才能最快到达成功的彼岸。

所以，家长在带领孩子学习前，分阶段地给孩子设立学习的目标，根据孩子的年龄状况，设立合适的目标，孩子会为了这个目标不断前进。这一目标可能是一种精神理想，也可能是一种世俗的追求，这当然取决于他此时的本性。但无论是哪一种目标，家长都应指导孩子将自己的力量全部集中于为自己设定的目标上面。他应把自己的目标当做至高无上的任务，应该全身心地为实现自己的目标而奋斗。

如果孩子比较幼小，那就在他做每一件事时，教他为自己设定一个可行的目标，比如搭积木，有的孩子搭得又快又好，有的孩子却很长时间也搭不出一个样子，而其中的关键就在于有无目标。因此我们不妨在孩子动手做一件事前，先提示性地问问他："你要做的是什么？要做到什么程度才可以呢？"渐渐地，孩子就会懂得凡事都给自己确立一个目标。

每一个想养育出有成就的、可爱的孩子的父母，他们都知道孩子的人格与信仰的形成是每天不断培养的结果。因此，要想孩子以后有所成就，就要帮助孩子树立一个切实可行的目标。

02 合理的学习计划
是成功的一半

亲子课堂

有准备，有计划，就能成功，反之，就会失败。

莹莹很羡慕在运动会上取得长跑冠军的同学，回到家和妈妈说自己也要成为一名长跑运动员。妈妈很支持她，并鼓励她马上就开始行动。

可是第二年运动会上莹莹还是没能参加长跑比赛。因为她的跑步练习时而坚持，时而放弃，三天打鱼两天晒网，这样的状态根本不能训练出良好的体能。

妈妈批评她做事半途而废，莹莹辩解说自己不是不能坚持，而是每次都跑那么几圈，总也没有进步的感觉。

俗话说："凡事预则立，不预则废。"意思是说，无论做什么事，有准备，有计划，就能成功，反之，就会失败。学习也是如此。一个人如果有了学习计划，就有了奋斗的目标，就可以对整个学习过程的目的、内容、方法、时间安排心中有数，就可以主动地学习，取得成效。所以，在学习上家长要教育孩子养成制订合理的学习计划的好习惯。

人们常说成功是由辛勤的汗水和努力换来的。的确，努力是取得成功必不可少的条件。但是仅有努力还不行，我们的行动还要讲究方法、讲究效率。在我们周围有许多人，在工作之前，他们总是会坐下来磨蹭很久，这是因为他们没有计划，不知道自己应该先干什么，而在磨蹭之中白白地虚度和浪费了许多时间。要成为一个做事富有效率、干净利落的人，就必须培养制定计划的习惯。

人们常说："平时做事无计划，急时做事无头绪。"在孩子的学习上，父母要告诉孩子为自己制订一个合理的学习计划，这样才能保证学习成绩的提高。有了合理的计划就不会浪费时间，就会挤出很多的时间去做其他的事情，这样也有利于孩子综合能力的提升。

计划也不是一成不变的，应该根据实际的具体情况做出相应的调整。当学习过程中出现了偏科，就应该花更大的力气来弥补自己的不足；当因为生病等原因无法保证学习时间时，也应该对学习计划进行调整，尽快把落下的科目补上。那么应该如何引导孩子制订合理的学习计划呢？以下几点建议可供家长们参考：

第一，指导孩子在学习计划中留出机动安排的时间。

在每天的学习计划中，所留出来的机动安排时间主要是用来回顾与复习，把前一段时间学到的知识点串起来，形成一个知识链，以加深印象，更牢固地掌握，把基础打得更扎实。

第二，根据各科成绩，合理地安排时间。

学习过程中常常会出现个别科目成绩较低，这时就需要在计划安排上有所侧重，在成绩差的科目上多花一些时间。

第三，每个学期要对学习计划的执行情况做一次总结。

学期结束，根据考试成绩，总结一下，原来制定的学习计划是否执行的到位，有什么具体的问题，在新的学期应该如何调整。

03 "玩儿" 出好成绩

对于孩子，玩儿是学习，游戏是学习，学习本身也是学习。

　　12岁的朱唱特别喜欢玩。每天放学后，朱唱不是拿着他自制的"捕虫器"到田野里捉虫子，就是约上几个孩子拿着一个放大镜到田间地头，观察庄稼的叶子。

　　有一段时间，爸爸妈妈对朱唱贪玩好耍的行为十分恼怒，以致多次没收了朱唱的一些玩耍工具。但这并不奏效，朱唱总是有很多的聪明才智，今天玩耍的工具被没收了，明天他又能做出一个其他的玩耍工具。老师说朱唱没有把主要精力用在学习上，所以学习成绩平平。爸爸妈妈更是着急，不知道究竟怎么办才好。

　　小学毕业后，朱唱并没有进入什么重点中学，在一所普通中学里学习成绩也只是"中等偏上"而已。但朱唱制作航空模型的水平却极为出名，他制作的航空模型不但在学校和区县一级获了奖，而且还参加过省级赛事。2002年，朱唱还是一名初三的学生，那一年在老师的指导下，主要由他设计的"SK—2"型航空模型获得了全国大奖……

俗话说："一个孩子叫，两个孩子笑，三个孩子蹦蹦跳跳。"爱玩是孩子的天性，玩也是孩子的权利。有教育学家说："我们可以用牛奶代替母乳，而玩给童年的欢乐却是任何东西也不能替代，任何时期也不能补偿的"寓教于玩，玩耍不但不会影响孩子的学习，相反，玩耍还可以培养孩子的各项能力。

令人叹息的是父母，普遍对孩子的贪玩好耍不感兴趣，他们总是要求自己的孩子能够令行禁止，在父母划定的框架中，按部就班地学习和生活。

专家们说："对于孩子，玩儿是学习，游戏是学习，学习本身也是学习。"事实上，我们也很难找到一个不喜欢玩的孩子！父母之所以害怕孩子玩，是怕孩子玩得太出格了，这种心态就是要让孩子画地为牢。

其实，玩儿并不是阻碍孩子进步、向上的藩篱，恰恰相反，只要我们引导得法，方式恰当，孩子的"贪玩好耍"正是引导孩子进步的阶梯。

在教育孩子时，最重要的是不要胡乱给孩子灌输术语和公式，而是要诱导他们自由地发挥出潜在的智慧。而对孩子来说，最佳的诱导方式当然是玩儿。

一个懂得教育孩子、会培养孩子的父母，理应把陪孩子玩，当成亲子教育中最重要的一环。让孩子充当"玩"的主角儿，感受玩的乐趣。

在与孩子玩的过程中，父母可结合"玩"的内容，培养、引导孩子对事物的进一步兴趣。比如，捉蟋蟀，引导孩子观察蟋蟀的外形，听、辨它们的叫声，看看它们各有什么特征，有什么相同和不同的地方，再把它们与其他的小虫比一比，让孩子对自然界的各种小生物发生兴趣。

陪孩子玩，也是引导孩子开阔视野、开拓思维的好途径。比如，父母发现孩子喜欢玩汽车玩具，在玩的过程中可以向孩子介绍不同用途的汽车，有条件也可以带孩子去参观汽车展览会，扩大孩子的眼界，孩子会饶有兴趣地了解各式各样的汽车，在现实生活中又和孩子一起观察汽车，获得更多的知识，启发孩子的求知欲望。

玩，也是培养孩子良好的品德的有效过程。父母在陪孩子玩的过程中，处处可以进行品德的培养。如带孩子去公园，要教育孩子爱护花木，爬山时不怕苦，不怕累，摔跤了要勇敢，看见小生物不怕等。带孩子看电影，就应跟孩子一起做个文明的观众，不大声喧哗，不乱丢果皮纸屑等等。

孩子通过玩耍来探知世界，汲取智慧，这是他们与生俱来的学习驱动力。所以，父母要学会鼓励孩子聪明、巧妙、愉快地玩。玩耍会帮助孩子多学知识，也会使他们生活得更快乐，与别人相处得更和谐。

玩，是孩子成长的需要，不要剥夺孩子玩的权力。作为父母，最根本的责任是理解孩子，解放孩子，让孩子在自由玩耍的过程中健康成长。

04 兴趣是
最好的老师

亲子课堂

　　如果孩子的兴趣和热情一开始就得到顺利地发展的话，大多数孩子将会成为英才或天才。

达尔文小时候就对周围环境非常感兴趣，特别喜欢钻研问题。

一天，小达尔文跟着父亲到花园里散步，花坛里盛开着五颜六色的花，漂亮极了。他见其他种类的花都有好多种颜色，而报春花只有黄色和白色两种，就对父亲说："爸爸，要是报春花也有很多种颜色，那该多好呀！"

父亲笑着说："你这个小幻想家，好好努力，我相信你一定能想出好办法。"过了几天，小达尔文对父亲说："我已经想出了一个非常好的办法，我要变一朵红色的报春花送给你。" 父亲随口应道："好好好，我的小宝贝，你去变吧，变出来的话，它将是我们英国第一朵红色的报春花。"

又过了几天，小达尔文大声喊着跑到爸爸面前，把手伸到爸爸跟前说："爸爸，你快看呀！"

父亲一看，捧在儿子手里的果然是一朵火红色的报春花，美丽极了。

"宝贝，你是怎么变出来的？"爸爸惊奇地问。

"研究出来的。"小达尔文骄傲地说，"你曾经说过，花每时每刻都在用根吸水，并且把水传到身体的各个地方去，于是我就想让报春花喝些红色的水，传到白色的花朵上，那么花不就会透出红颜色来了吗？昨天，我折了一朵白色的报春花，把它插到红墨水里，今天它就变成红色的了！"父亲把儿子抱起来，亲了又亲。

河南的一家心理咨询机构对3所小学和3所初中的近万名学生进行了一次心理测试，结果竟然发现，有50%的初中生和近70%的小学生对学习没有兴趣，甚至厌恶学习。爱因斯坦说，兴趣是最好的老师。父母对孩子的教育不能忽视了对孩子兴趣的教育与开发。

有很多父母担心孩子在学习上跟不上进度，便对孩子进行严加管教，除了学习其他任何事情都不允许做。这样的想法和做法常常是适得其反，结果使孩子丧失了对学习的兴趣，孩子的思想变得越来越狭隘，也不利于孩子形成健全的人格。

兴趣是一个人探究事物和从事活动的一种认识倾向。一个人对某件事物感兴趣时就会对它格外注意，对该事物观察敏锐，记忆深刻，思维活跃。兴趣可以使人沉醉，达到废寝忘食的地步；兴趣可以发掘人的自身潜力，甚至超越极限能力。所以，日本教育家木村久一说过："如果孩子的兴趣和热情一开始就得到顺利发展的话，大多数孩子将会成为英才或天才。"

兴趣并不只是指学习兴趣，还包括其他各方面的兴趣，我们让孩子学习绘画、音乐等，并不是让孩子成为画家或者音乐家，但是只要孩子表现出了这方面的兴趣，父母就要善于发现，用各种方式进行支持，并为之提供良好环境，开发孩子这方面的潜能，让孩子在这方面的潜能得到最大限度的发挥。只要父母能够及时发现并夸奖他的天赋，引导孩子去吸取各种知识，接触各种事物，孩子一定会在此基础上做出一番成绩。而在这一过程中，孩子也可以活跃思维，培养广泛的兴趣。

今天，从社会角度看，兴趣是爱学、会学的重要基础。孩子一接触到自己感兴趣的学习内容或活动，态度就积极，心情就愉快，思维就活跃。苏霍姆林斯基说："他们带着一种高涨的、激动的情绪从事学习和思考，对面前展示的真理感到惊奇甚至震惊；孩子在学习中意识和感觉到自己的智慧力量，体验到创造的欢乐，为人的智慧和意志的伟大而感到骄傲。"

在现代社会中，一个人现在做什么，将来做什么，与兴趣有很大的关系。特别是当一个人在某方面的兴趣与他的理想、目标结合起来时，就形成了志趣。这时，兴趣就会对他的未来发展起到全面的准备作用。

所以，在孩子面对众多兴趣和爱好时，父母一定不要干涉，要给孩子创造一个合适的、有利于兴趣发展的环境。比如，为了配合孩子的兴趣，可以跟孩子一起写字、画画、读书、做纸工、修理玩具、做家务。在与孩子共同活动中，孩子兴趣和爱好便会表现出来，父母也能及时地感觉到，同样孩子也能感受到父母对他的支持，孩子的学习便更有热情。

培养孩子的兴趣可使孩子有效地汲取各类知识。家长想要培养孩子的兴趣，千万不能强迫孩子学习。要懂得让孩子自己去发现他们感兴趣的东西，才会使孩子的学习保持长久的热情。并且，培养孩子多方面兴趣离不开家长的支持鼓励。任何一件事情，刚开始孩子可能有兴趣，可是时间一长就会变得枯燥乏味，这时就需要父母的支持与鼓励，特别是在遇到困难的时候，父母要与孩子一起共度难关。

在今天新的时代，社会需要人才，需要有大胆创新，富有开拓精神的人才，而那些没有兴趣，没有特长的人充其量只不过是一个平庸者。我们作为新一代孩子的父母，更有责任培养孩子多方面的兴趣，用兴趣开拓孩子的未来，因为，孩子的使命就是创造未来。

05 孩子厌学
不是病

亲子课堂

鼓励、夸奖都是帮助孩子克服厌学情绪、改正厌学行为的行之有效的办法。

"妈妈，我今天可以不去上学吗？"7岁的小宝这样问妈妈。

"为什么？上学有什么不好吗？"

"我就是不想上学，没劲！"小宝仍然坚持自己的意见。

"不行！哪有孩子不上学的道理。"小宝的妈妈坚决地回绝了孩子的要求。过了一会儿，妈妈又问小宝："你是不是感到哪里不舒服？"

"没有呀！真是不想上学。"小宝很诚实地回答妈妈。

"那好吧，你给妈妈一个理由，如果妈妈认为你有道理，妈妈再考虑你的要求。"妈妈这样回答小宝。

　　小宝上学的时间就要到了，妈妈耐心地等待着小宝的"理由"。最终小宝对妈妈说："我没有理由，我明天给你理由行吗？"

　　"你明天给妈妈理由，妈妈就明天再考虑你的要求，但今天你必须去上学！时间到了，我们出发吧。"

　　在送小宝去学校的路上，妈妈对小宝讲了很多"小孩子应该上学"的故事……看得出来，小宝的妈妈是个懂得教育孩子的好母亲。

　　在技术飞速发展的几天，父母们都希望自己的孩子能主动地、积极地掌握老师传授的新知识，新技能，以便将来能更好地适应社会变化的挑战。可是，不少孩子在小学就对学习产生了厌倦的情绪。所谓好钢不能用到刀刃上，孩子不爱学习肯定会让父母们大伤脑筋。但是作为父母，有义务帮助孩子摆脱厌学的情绪。父母要具体分析孩子厌学的原因，有针对性地对孩子的厌学情绪和行为做出正确的处理。

　　在上面的例子中，我们之所以说小宝的妈妈是一个懂得教育孩子的好妈妈，是因为她面对小宝的厌学情绪，处理得既合情合理，又达到了教育（也可以说是训导）孩子的效果。假如小宝的妈妈换一种方式，比如"你敢说不去上学？吃饱了，撑着啦？不上学想做什么！小小年纪就知道逃避学习，等你长大了，那还了得！"这样教育（训导）孩子，结果可能会适得其反。但在实际生活中，这样的父母并不少见，他们不但没能收获到好的教育孩子的效果，反而让很多孩子变得更加厌恶学习。

　　我们知道，每一个孩子都有自己的性格、特征、兴趣、爱好，这种差异是极其正常的。孩子的这些性格、个性在学习方面的表现也是不同的，有的孩子喜欢学习，有的孩子则不太喜欢学习，有的孩子甚至于对学习还会产生种种厌恶情绪。从孩子的心理发展角度看，这种情形也是正常的。对此，父母不应当只是一味地责问："你为什么会那样做？""别的同学为什么不像你这样？"而应当帮助孩子找一找"怎么会这样"的原因。实际上，如果父母能采取一些积极的、行之有效的措施，那么，孩子的厌学情绪是可以改变的。

　　对于有厌学情绪和厌学行为的孩子，父母首先应当在充分了解孩子的前提之下，培养孩子学习的自信心。在学习上，一个信心十足的孩子，他的学习兴趣必然是浓厚的，学习的主动性、积极性也是很高的。当孩子产生厌学情绪后，常常是一提到学习就会心烦意乱，焦躁不安。父母一旦发现孩子有这样的情绪，就要及时地对症下药，给予孩子积极地鼓励，帮助孩子重新树立学习的信心。对于那些年纪较小的孩子，父母应主要以激发他们的学习兴趣为主，要以丰富多彩的形式帮助孩子克服学习信心不足的毛病。

　　对于年纪稍大一点的孩子，父母要注意培养孩子正确的学习动机。影响孩子学习质量好坏的一个重要因素就是学习动机是否正确。动机是人为满足某种需要而激发出来的一种内部动力，它可分为内部动机和外部动机两种。比如孩子讨厌画画，父母就不必忙于批评、指责孩子，这种在外部压力下才去行动的动机，慢慢地就会使孩子产生厌学的情绪。尽管外部动机有时对孩子的学习也很重要，但很难让孩子自觉地、积极地学习。父母应当根据孩子的特点，通过赞扬、鼓励，把外部动机转化为内部动机，去促进孩子学习。

俗话说"娃娃服夸"，鼓励、夸奖都是帮助孩子克服厌学情绪、改正厌学行为的行之有效的办法，这一点已经被许多家长所证实。这种方法对于那些自尊心强的孩子非常有效。当父母发现这样的孩子在具体的学习上有了进步，尽管这种进步只是一点点，父母也要抓住机会，及时地给予表扬和赞许，以激发孩子的进取心，从而帮助孩子克服和改正厌学情绪。

另外，要减轻孩子学习的压力。父母对孩子的学习要求要与儿童的实际接受能力和心理发展水平相适应，如果期望值过高，或要求过严，就会使孩子把学习视为一种痛苦的差事和负担，以致丧失学习兴趣。

纠正孩子的厌学情绪，还需要父母的耐心。父母要根据孩子的生理、心理成长规律，给予孩子耐心的、具体的帮助。只要父母有足够的耐心和细心，即便孩子偶尔有一些厌学情绪和行为产生，父母都是能够正确解决、处理的。

孩子厌学心理的形成和发展是一个复杂的过程，但有一点是肯定的——孩子厌学是包括家庭教育在内的教育失误的表现。因此，我们当父母的要认真查找原因，同时及时地对孩子进行一些必要的辅导，在孩子有进步时及时地鼓励他，这样便会使孩子逐渐地克服和改正他的厌学情绪和厌学行为。

对于家庭中已经有厌学情绪和行为的孩子，首先，父母应当为孩子创造一个良好的学习环境。父母要"身教重于言教"，以身作则，不可在孩子做功课时，自己在旁边玩麻将、玩游戏机、看电视等。其次，建立民主的亲子关系，注意发现孩子的优点，尊重孩子的兴趣爱好，遇事以理服人，和孩子协商解决等等。再次，父母要加强与学校老师的联系、沟通，及时地了解孩子在学校的表现。父母要告诉懂得事理的孩子，不爱学习将会给他的一生造成什么样的后果，同时再找一些热爱学习、勤奋学习的榜样，让孩子在比较之中，明白讨厌学习的错误，鼓励孩子改变自己。

以上所述都是解决孩子厌学的一些比较实际的方法。常言道："教育不是万能的。"如果孩子厌学的情绪越来越严重，尤其是随着年龄的增长，孩子表现在学习上的态度和实际效果都很不理想的时候，父母除了要帮助孩子找到其中的原因之外，还要就此采取一些措施，甚至对孩子做稍有强制性的要求也是很有必要的。

孩子厌学不是病。但要解决好孩子的厌学问题并非一件易事，作为父母，在没有找出孩子的厌学原因之前，最好不要先指责孩子，甚至于对孩子"动手动脚"地强制孩子。晓之以理，动之以情应当永远成为我们教育孩子的一条准则，否则，我们在对孩子的教育上，终将成为一个失败者。

06 训练孩子养成
阅读的好习惯

亲子课堂

　　一切学识渊博、才智出众的人都有大量阅读的习惯。读书习惯，会使孩子一生都受益无穷。

　　书店还没有开门，一个瘦小的孩子已经等在书店门口了。他有一头浓密的头发，一双闪着智慧的大眼睛，苍白的脸色显示出他营养不良，他穿着单薄的衣服，在寒风中瑟瑟发抖。

　　这个小男孩名叫海因里希·伯尔，是小镇上伯尔木匠家的第八个小孩。他是这个书店的常客。每天一放学，他便往书店跑。节假日，做完父亲交给他的活，他几乎整天泡在书店里，可他只看不买。书店里的店员都认识他了，知道他家里很穷，买不起书，也从不阻止他，让他尽情地在书的海洋中遨游，一来新书，书店里的店员还会向他介绍。

长大以后，爱书的小伯尔终于成了一个写书的人，并获得了诺贝尔文学奖。

书籍是生活中绝不可缺少的。为了让孩子拥有幸福的人生，拥有丰富多彩的生活，家长就有义务让他们具有文学和音乐修养。在孩子掌握了一定的词汇量后，家长就可以有意识地培养他的这些爱好，因为一本好书很多时候能改变一个人对事物的看法，甚至可以改变一个人的一生。对孩子来说，阅读并不是单纯地去读故事，阅读的过程就是在阅读现实，在阅读人性，并且阅读也是孩子适应社会的一种练习。

无可否认，一切学识渊博、才智出众的人都有大量阅读的习惯。阅读对一个人的一生至关重要，所以，家长要训练孩子养成阅读的习惯。

让孩子迷上读书，比父母的任何教育都有效，因为书籍可以作为老师来帮助父母教育孩子。读书习惯，会使孩子一生都受益无穷。

布什夫人巴巴拉·布什，美国总统小布什的母亲。在教育学龄前儿童方面，有一套非常著名的、独特的"祖传"诀窍，就是多年来她一直进行的家庭朗读活动。

布什夫人认为，在家中给学龄前儿童朗读，会在他们幼小的心灵中留下深刻印象，这是重要的学前一课。她多年坚持组织"家庭朗读"活动，还总结出许多经验。

首先，读书宜早不宜晚。

刚出生的孩子，虽然听不懂书的内容，猜不透书里到底讲的是什么，但这个时候读书给他听，孩子却有着不可低估的吸收性心智，他接受了各种各样的信息，为今后的阅读积累了丰富的教材。

其次，要养成朗读的习惯。

小孩子都很喜欢听故事，布什夫人常在孩子们睡前读书给他们听。父母抑扬顿挫、饶有兴趣地朗读生动有趣的故事，可引导孩子集中注意力，诱发其阅读兴趣，为孩子以后的广泛阅读打下基础。布什夫人曾说，家长在什么时间给孩子读书无关紧要，但在每天的同一时间里至少读上15分钟，孩子会收获很大。

再次，就是让书籍触手可及。

美国教育家霍力斯·曼曾说："一个没有书的家就像一间没有窗户的房子。"塑造阅读的环境，在家中随处可拿到书，随处可看到书，让孩子习惯与书为伴，让书成为孩子生活中不可缺少的元素。

另外，要动员全家都来参加读书。

孩子不仅仅喜欢让妈妈一个人给自己读故事听。如果爸爸、奶奶、爷爷，甚至是保姆都能加入读书活动中，这将会给孩子带来新鲜感。

还有一点至关重要，那就是——选择好书。布什夫人根据自己的经验，又参考了专家的意见，归纳出一些选书原则：比如3岁以下的婴幼儿喜欢简单的连环画和跟他们熟悉的事物相关的故事书，简单的形状和鲜艳的颜色比较能吸引他们的注意力；3至6岁的学龄前儿童则喜欢动画图书、幻想故事、有关日常生活和动物的儿歌和寓言。

阅读就像是站在巨人的肩膀上，看得更高更远，借以增广见闻，拓展知识领域。阅读丰富了孩子的认知，促进了孩子的想象，提高了孩子的语言词汇量等。孩子爱上阅读将会受益终生。那么，如何培养孩子的阅读习惯呢？

第一步：通过朗读来培养孩子的读书兴趣。运用丰富的表情、声调的变化来给孩子朗读古诗，孩子在听读中会逐渐领悟语言的神韵，从而对书本产生兴趣。孩子听读得越早，朗读的内容越生动有趣，越能吸引孩子。

第二步：根据孩子的兴趣，在孩子生活空间内尽可能地提供有较大选择余地的阅读材料。

妈妈可以把这些阅读材料放到孩子容易看到的地方，便于孩子随时阅读。

第三步：要处理好"读得多"与"读得好"的关系，也就是"博"与"精"的关系。

指导孩子多读书，读好书，让书籍伴随孩子的成长也是每个父母都应尽的义务。如果仅仅为了"多读"而读，则会忽视了汲取过程，多亦无益。如果能把"精"与"博"结合好，"读得多"又能兼顾"读得好"，则是最妙。

一个好的阅读习惯的养成，对于孩子的整体素质的提高将起到巨大的推动作用。不过，一个好的读书习惯的养成并不是一天两天可以铸就的，它需要妈妈付出无比的耐心和信心来帮助孩子，需要妈妈在实践中不断摸索和总结。当孩子可以安静地读自己喜欢的故事书时，我们就可以说，您已经帮孩子建立了良好的阅读习惯了。

07 动手，
才能让孩子心灵手巧

亲子课堂

我们要充分认识孩子动手的好处，为孩子提供更多的机会、条件，让孩子的两只手充分地活动起来。

妈妈刚刚推开房间的门，眼前的一切简直让她惊呆了！

杨扬平时睡觉的小床上是一堆乱七八糟的集成线路板，电脑被杨扬大卸八块。零星的螺丝钉散落在地板上，光驱、软盘、散热器、扬声器横七竖八地堆放在书桌上，计算机硬盘连同一堆五颜六色的电线被随意堆放在窗台上。妈妈看了看房间四周，靠近小床的柜子上面，还有一堆杨扬的"作案"工具——十字形改锥、测电笔、尖嘴钳、绝缘电胶布，还有一只铁锤！

"天啊！你爸爸上周才买回来的计算机，你，你……那可是用我们家半年多的积蓄才买回来的呀！唉哟！这可怎么办啊！"妈妈被杨扬的行为气疯了。

"没事儿，妈妈。我一会儿再装上去！"杨扬似乎胸有成竹。

众所周知，心灵才能手巧。

手巧是心灵的表现，心灵是手巧的基础。手指的活动越灵巧，大脑的思维活动也就越活跃。在手工活动中，孩子进行的拆装、粘接、装配等一系列动作，都要通过听觉、视觉、触觉等感觉系统传入大脑的运动区，再由大脑的运动区发出指令，不断地调整手的动作，这样反复循环刺激，能使脑细胞的功能得到加强，思维水平得以提高。因此，孩子在饶有兴趣的手工活动中，又能够得到智能的发展，形成良性循环。

遗憾的是很多父母从不相信孩子的能力，总是以种种理由制止孩子在好奇心驱使下的美好天性。

父母有父母的理由："那是我们全家人半年的积蓄。"言下之意乃是认为孩子的行为对家庭带来了很大的损失，所以应当制止他。

孩子有孩子的理由："没事，我一会儿再装上。"胸有成竹的孩子完全相信自己的能力，觉得"我之所以这样做，是因为我有100%的把握把事情做好，而且，我必须'研究'这个东西……"

问题的焦点是：父母一方认为孩子不能重新装配好电脑怎么办？而孩子的自信分明在表明："我都不行，谁行？"

事实上，父母也知道，孩子在很多时候"都是要出乱子的"，可是我们可以反过来想一下：

让孩子折腾吧，没准他折腾几次就明白了如何装配电脑；

孩子不能重新装配好电脑，大不了我请专业人士来重新装上；

请人来重新装电脑要花一些钱，但孩子却会从中学到一些知识，这是值得的；

找一台废旧的电脑来让孩子折腾；

……

很可惜，实际生活中很少有父母能够这样做。

我们要充分认识孩子动手的好处，为孩子提供更多的机会、条件，让孩子的两只手充分地活动起来。

孩子通过自我动手实践，也可以让手臂肌肉得到锻炼，促进身体的发育，增强孩子身体的协调能力和身体素质，也促进着孩子的脑部发育和智力开发。并且，孩子在"我自己做"的过程中，还能增强自信心，提高独立思考和做事的能力。

一般说来，孩子的动手能力，常常有以下一些类型，只要父母加以正确的引导、指导，以及鼓励、关怀，甚至于积极参与到孩子的动手活动之中，孩子从中获得的教益将是巨大的。

孩子的"科学型"实验。例如，用放大镜做聚光实验，通过聚焦作用把阳光聚在纸上某一点使纸片燃烧，这种现象对低年级孩子会产生一种神奇的吸引力，对三年级以上的孩子可以起到引发学习自然常识的兴趣，巩固所学知识的作用。如果在实验过程中，再增加一块平面镜和凹透镜，可以通过三种不同性质的"镜"的比较，进一步认识到只有放大镜（即凸透镜）才有聚光作用。做这一实验时，还可以通过提问或孩子自己的设想，做几次各种各样的尝试，如在地面上试，到二楼、三楼乃至高楼上试，在八九点钟的太阳下试，在正午的太阳下试，等等。这样不仅激发了孩子的学习兴趣，而且提高了孩子的观察能力、比较能力、综合能力。

孩子的"技术型"实验。例如，拆装一些玩具或者旧的手表、半导体收音机等。这一类实验的关键是要鼓励孩子能够大胆拆装，要一件件按次序拆装，并把那些零件所放的位置等看清记牢，让孩子在了解内部结构之后再重新组装起来。达到要求后，父母可提供新的材料供孩子拆装。这类实验不仅能培养孩子观察细致、思维缜密等智力品质，而且还能发展孩子的动手操作能力。

最后提醒父母们，应当在孩子的"动手活动"中，对孩子劳动的"成果"要表示出喜悦，并给以适当的鼓励和表扬，给他们增加信心，让他们亲身体会到自己动手的快乐。

08 让孩子掌握正确的记忆方法

亲子课堂

你要每天找点东西给记忆去记记，因为你越是多给它记，它便能更诚实地记住。

王翔上小学二年级了，他经常不会背老师布置的课文，也记不住妈妈教给他的唐诗，可说起动画片里的情节，他却头头是道，他还会背很多电视广告。为此，他妈妈很苦恼，总认为他的记忆有什么问题。

有许多家长经常抱怨，自己的孩子记性不好，学过的东西记不住，或者平时也看到他们很用功地背单词背课文，可是一到考试就忘了。许多人认为，记忆力是天生的，无法培养。事实上，这种说法是错误的。

捷克教育家夸美纽斯在《大教学论》里有这么一段话："记忆不应当

得到休息，因为没有一种能力比它更容易动作，更能由动作得到发展。你要每天找点东西给记忆去记记，因为你越是多给它记，它便能更诚实地记住。你越少给，它便记得越不诚实。"

这段话告诉我们，要想获取更多的知识，就要不断地去用心记忆。正因为记忆是掌握知识、运用知识、增强智力、开创发明的关键，所以提高孩子的记忆力就显得尤为重要了。

人的记忆力的好坏不仅与遗传因素有关，更重要的是和记忆的条件、记忆的方法有关。许多父母以为孩子的记忆力不佳是资质比较愚钝，其实不然，大多数孩子记忆力差，是因为没有掌握记忆的规律，缺乏正确的记忆方法。

伯乐是古代有名的相马专家。当他年老的时候，他的儿子很想将这项技能继承下来，以免失传。于是他把伯乐手写的《相马经》读得烂熟。《相马经》上说："千里马是额头隆起，双眼突出，蹄如垒起的酒药饼。"他就按照这一条，拿着经文出去相马。他按照书上的各种图形，跟所见到的一一加以对照，结果找到了一只癞蛤蟆。他用纸包起来，兴冲冲地回家报告父亲，说："总算找到了一匹马，额头和双眼同书上说得差不多，就是蹄子不像垒起的酒药饼。"

伯乐听了，只好哭笑不得地对儿子说："你倒是找到了一匹好马，但它太会跳，你可驾驭不了啊！"

这个笑话启发我们，要正确地对待书本知识。

《相马经》是伯乐一生相马经验的总结。可是他的儿子却是死记硬背，从字句出发，没有领会其精神实质，从而闹出把癞蛤蟆当成千里马的笑话。

在实际学习中，有许多孩子存在这种死记硬背的不良习惯，致使花费许多时间和精力死记书本上的东西，却不会灵活运用，因而不能有效地掌握知识。甚至有的人强记硬背一些不理解的东西，虽然满脑子定义、定理，其实无异于满脑浆糊。由于缺乏理解，不会应用不说，这些定义和定理也会很快遗忘掉。

所以，我们的家长要引导孩子从小养成在理解的基础上进行记忆的良好习惯。这样在学了新知识后，孩子既能灵活运用，也会记得牢。只要我们有目的、有意识地加以培养，运用科学记忆方法，找出运用记忆的技巧，任何健康的孩子都是能够提高记忆力的。

许多著名的人物都有着非凡的记忆力。

著名植物学家吴征镒在十年动乱中，在缺乏资料和标本的情况下，全凭记忆力完成了近70万字的两部著作。

著名的桥梁专家茅以升小时候看爷爷抄古文《东都赋》，爷爷抄完，他就能够全文背出。茅以升晚年的时候，还可以背出圆周率小数点后面百位精确的数字。

拿破仑对于当时法国海岸所设置大炮的种类与位置，都能正确记忆，并且能轻而易举地指出部下报告中的错误。他甚至对各邮政驿站的距离也清楚地记得，比当时法国的邮政大臣还厉害。拿破仑还可以记住他曾见过的每一个士兵的名字和面容。他说："没有记忆力的脑袋，等于没有警卫的要塞。"

佐治是世界记忆力冠军，也是吉尼斯世界纪录的创造者，他有着超强的记忆力。1989年，佐治记了30副牌共1 560张。那些牌在证人面前洗了2个小时。他用20小时看了那些牌并记住次序。他用了2个小时43分钟讲了1 560张牌的点数，只记错了2张。于是，佐治创造了吉尼斯纪录。

佐治为什么会有这么好的记忆力呢？原来，佐治发现自己的记忆力不好后，就去图书馆找了一些可以帮助记忆力的书来看，并从中总结出一些记忆规律，再通过训练，才有了今天这样好的记忆力。

事实上，一个人的记忆潜力是非常巨大的。据美国科学家研究，如果一个人始终不倦地学习，他的大脑所能储存的各种知识，就相当于美国国会图书馆藏书量的50倍。而美国国会的藏书有1 000多万册。可以想象，一个人的大脑能够装下多少东西呀！

然而，许多父母以为孩子记忆力不佳是资质比较愚钝，其实不然，大多数孩子之所以记忆力差，只是因为没有掌握记忆的规律，缺乏正确的记忆方法。只要家长有意识有目的地培养，孩子的记忆力是能够提高的。

影响孩子记忆力的因素是很多的，如兴趣、记忆方法、情绪等，但是，最关键的还是记忆方法。那么，如何才能提高孩子的记忆力呢？

第一，激发孩子对记忆的兴趣。

兴趣是学习的老师，孩子对有兴趣的东西能表现出很强的记忆力。要激发孩子对记忆的兴趣，父母首先要给孩子创设一个轻松温馨的氛围，让孩子心情舒畅的去记忆，这时的记忆效果肯定会好的。同时，父母也可以教育孩子运用一些方法，把枯燥无味的知识进行特殊的加工，从而变成感兴趣的东西来记。

第二，帮助孩子找出最佳的记忆时间。

每个人每一天都有一个最佳的记忆时间，一般来说，早晨和晚上睡觉之前记忆效果比较好。因为早晨头脑最清醒，记忆起来相对比较轻松；而根据心理学研究，在睡眠中的记忆力是不会下降的。因此，睡觉之前记忆材料，以防止其他事物的干扰，不至于快速地遗忘。

父母要帮助孩子找出其最佳的记忆时间，以让孩子在他的最佳记忆时间里固定地识记、背诵、理解，直至完全记住。

第三，让孩子掌握记忆的规律。

记忆的过程是识记、理解、再认、再现的过程。在这个过程中，识记是记忆的开始，理解是保持记忆的基本条件，再认和再现是记忆水平和质量的反映。

记忆有其自身的规律，父母要教育孩子掌握记忆的规律，针对遗忘的特点——先快后慢来进行复习。一般来说，刚学过的东西要多复习，以后可以逐渐减少，间隔时间可以逐渐延长。对于年级较低的孩子来说，最好间隔一天，如果孩子要准备考试，复习的次数就要多一些，多熟悉教材，进行有意识的默记，这样可以提高孩子的记忆效果。

第四，让孩子在理解的基础上进行记忆。

所谓"欲要记，先要懂"，意思是说，记忆要在理解的基础上进行。理解记忆的基本条件是对材料进行感知和思维加工。有些材料，如概念、法则、定理、文艺作品、历史事件等，都是有意义的。记忆这类材料，最好让孩子先理解其基本含义，即借助已有的知识经验，通过思维进行分析综合，把握材料各部分的特点和内在的逻辑联系，从而使所要记忆的内容纳入已有的知识结构，保持在记忆中，而不要采取逐字逐句死记硬背的方式。孩子只有理解了需要记忆的内容，才能较快较牢地记住。

第五，教孩子一些正确的记忆方法。

父母应该有意识地教孩子掌握一些正确有效的记忆方法。例如：分段记忆法、类比联想记忆法、朗诵法、重点记忆法、背诵法、规律记忆法、趣味记忆法、歌诀记忆法等。

下面就简单说一下歌诀记忆法。所谓歌诀记忆法，就是根据所学习的内容的特点，把它编成歌诀，读起来上口，容易记住。例如把圆周率 π =3.141592653589793284626用与数字发音相近的谐音字编成一首歌谣：山顶一寺一壶酒，你乐，苦煞我，把酒吃，酒杀你，不死，乐而乐。

再如，记忆鸦片战争的历史年代，可编成这样的歌诀：公元1838年，林则徐广东去禁烟；公元1893年，全部鸦片销毁完；公元1840年，英国发兵侵略咱；公元1841年，反对侵略平英团；公元1842年，南京条约签订完。这样一来要比起死记那些历史年代就显得容易多了。

以上这些记忆方法也都非常有助于记忆素质的提高。所以在学习和掌握知识的过程中，家长要帮助孩子找到切合自己实际的记忆方式和方法，帮助孩子提高记忆力。

良好记忆习惯的养成非常有利于孩子记忆力的提高。而记忆习惯的养成非常有利于记忆素质的提高，进而有利于提高学习成绩。

09 引导孩子学会
独立思考

思考好比播种，行动好比果实，播种愈勤，收获也愈丰。

著名数学家华罗庚小时候解题从来不满足一种解法。华罗庚初中毕业后没钱读高中，为了能够找到一个养家糊口的职业，他经过一番努力，终于考取了职业学校。但是，这所学校的数学老师却是个平庸之辈。有一天，这位老师在发试卷时，先发自认为是好学生的试卷，然后发中等的，最后才发自认是成绩最差的学生试卷。发到最后一个，他声色俱厉地喊道："华罗庚！你为什么错了这么多？"

原来是华罗庚用自己创造的"直接法"来解题，和书本上的方法不一样，所以他的成绩最低。就为这件事，老师足足批评了华罗庚一刻钟。

"老师，我这么做其实是有理由的！"华罗庚不服气地说。

"什么，你还有理由，你上来说！"

华罗庚理直气壮地走上讲台，拿起粉笔，将自己创造的解题方法写在黑板上进行分析，同学们都认为他的解题方法是对的，想不到这位老师还是不分青红皂白地坚持说他做的是错的。但是，华罗庚仍然坚持对每道题多想一些解法。晚年的时候，他也要求青少年能对每道题坚持从不同角度多思考出一些解法。正是坚持多思考、多想一些解法，使得日后的华罗庚成为我国数学界的泰斗。

生活中也常听到父母抱怨自己的孩子不爱动脑筋，懒得思考。其实，不是孩子不会思考，而是父母没有给他们思考的机会。你是否给过孩子思考的机会？如果不能确定，那就好好审视一下自己，争取把孩子培养成有独立思考能力的人。

思考好比播种，行动好比果实，播种愈勤，收获也愈丰。一个善于独立思考的孩子才能品尝到金秋的琼浆玉液，享受到大地赐予的丰收喜悦。正如伟大的物理学家爱因斯坦所说："学会独立思考和独立判断比获得知识更重要。"他还说：　"不下决心培养思考习惯的人，便失去了生活的最大乐趣。"

巴金说："有些人自己不习惯'独立思考'，也不习惯别人'独立思考'，他们把自己装在套子里。"有些父母把关于孩子的一切事物都安排得十分妥帖周到，从来就没有想过要让孩子自己去考虑、去想办法、去解决、去处理，这样长期下去，就扼杀了孩子的思考能力和解决问题的能力。

孔子说："学而不思则罔。"这句话充分说明了思考的重要性。纵观古今中外，我们可以发现几乎所有的科学家、发明家都有超出常人的好奇心，如居里夫人、达尔文、爱迪生等。当孩子头脑中有疑问时，便会提出问题，这时候，父母不要急于回答他们，而要指导他们查阅有关的书籍或资料寻找答案，也可以同孩子一同去寻找，这样做既激发了孩子在学习上的探究欲望，培养了孩子独立思考、独立解决问题的能力，又教给了孩子学习方法，使他终身受益。

爱迪生说过："人总是逃避艰苦的思索。但不下决心艰苦思索的人，便失去了生活中最大的快乐。"独立思考需要孩子学会善于观察，对所见到的、所听到的事物多做思考，多问几个为什么。独立思考也需要孩子多读书，做到博学多才，否则就不知道许多事物最基本的原理，从而也不会对所看到、所听到的事物感兴趣。

只有孩子跌倒了自己爬起来，他们才会去思考自己跌倒的原因，避免在下一次同样的情况下再次跌倒。在学习上也是同样的道理，要引导孩子学会独立思考，这样他们才会主动学习，才可以学到书本以外的很多知识。

思考绝对不是一件疲劳的事，而是一件放松的事。相信一旦成为习惯，就连自己觉察不到的时候，无意识层面都在思考，积累起来就悄悄利用了别人无法利用的好多时间。此外，对知识的更深层思考也能够极大地加深记忆。

10 创造力是成功
的关键

亲子课堂

创造力就是发明、做实验、成长、冒险、破坏规则、犯错误以及娱乐。毫无疑问，创造力是最重要的能力。

有一个小女孩处于绘画敏感期时，一天到晚拿着彩色铅笔，走到哪儿画到哪儿。教室的墙壁上，走廊的窗台上，有时就干脆趴在地上画，始终保持着亢奋的创作状态。一天中午，老师刚安排她躺下午睡。没过几分钟，她趁老师不注意，飞快地爬起来在墙上画了一幅画。画作的完成居然只用了一分钟，令人惊奇的是，这个一分钟内创造的画非常非常生动：一个小女孩正伸出一条腿，要翻越高高的墙头，小女孩身后跟着一排星星，一直连到了天上。小女孩的脸上满是快乐的表情，星星的嘴角也都在俏皮地上翘。这样的图画真让人忍不住赞叹！

　　1994年，澳大利亚、新西兰、印度、中国、香港等九个国家和地区参加的"未来家庭娱乐产品概念设计大赛"，中国共有20所学校1300多名选手参赛，真可谓阵容强大，气势磅礴。然而，比赛结果却令人寒心，两个组的冠军、亚军、季军中国孩子连边也没沾上，最后只获得一个带有鼓励性质的纪念奖。在人家闪耀着想象大胆、构思独特的作品面前，中国孩子的作品显得那样苍白，缺乏独创性，出现这样的结果的确值得中国父母们深思。

　　玛丽·库克说："创造力就是发明、做实验、成长、冒险、破坏规则、犯错误以及娱乐。"毫无疑问，创造力是最重要的能力。没有创造力，就没有进步，我们就会永远重复同样的模式。

　　创造力也是一种思维能力，它并不是漫无边际、天马行空式的创意，而是能提出问题、解决问题、创造新事物、帮助人适应环境的能力。创造力是一个孩子智力和能力的重要标志，更是能否成才的重要因素。它取决于后天的培养。有的家长认为孩子聪明、智商高，就一定会有所发明创造，其实不然，历史上有很多有成就的人，本身智商不一定很高，学习成绩也不一定很好，但因为他们点子多，心思巧，遇到问题绝不放弃，所以成就反而比一般人高出许多。

创造力对于一个人将来的发展非常重要。但是很多家长却在教育过程中忽视了孩子在这方面的培养，过多限制孩子游戏的内容、时间和方式；不准孩子玩花样、犯错误，爱给孩子订下各种各样的规矩，这些做法无形之中影响了孩子创造力的发展。忽略了孩子在每个年龄段接受训练的能力，盲目地给孩子一大堆智力测验去练习，实际上就阻碍了发展孩子的创造力。

当一个孩子对一件事物有了诸多想法的时候，就表示这个孩子有了创造力的倾向，这个时候，父母应该保护孩子的创造力，给予鼓励与肯定，并为其创造良好的实施创造力发展的环境。

"教育就是叫人去思维"，这句话很有道理。所以，家长在培养孩子的创造性思维时可以从以下几个方面入手：

第一，教给孩子一些必需的知识和技能，作为创造的基础。

知识和经验是创造的源泉，创造力是建筑在丰富的知识经验基础之上的。对于儿童来讲，丰富的知识经验和一定水平的智力是创造力发展的基本条件。家长可通过各种活动，丰富孩子的生活，开阔孩子的视野，要从各种渠道、各个方面，充实孩子的日常生活，增添积累知识经验，为孩子创造力的萌发奠定良好的物质基础。

第二，保护和激发孩子的好奇心。

好奇心是人们对自己不了解的事物感到新奇而有兴趣的一种心理状态，是科学家、发明家不断进行钻研和创造活动的强大内在动力。好奇是孩子的天性之一，是探索知识奥秘的动力。一个好奇心强烈的孩子，对于新奇事物总是主动去探究，提出各种各样的问题，以发现事物的内在联系。好奇心愈强，想象力愈丰富，创造性就愈高。孩子对许多事情都感到好奇，凡事都想弄个明白。这个时候，家长千万不能指责、制止。孩子平时捶这打那，全是好奇心所致。好奇是探求、创造的动力源。牛顿从苹果落地得到启发，后来发明了"万有引力"定律；瓦特少年时曾为壶盖被水蒸气顶起而惊奇，最终发明了蒸汽机。所以家长要引导孩子大胆想象，允许他们创造性地尝试。

第三，在劳动和游戏中多动手。

正如陶行知所言："创造教育，非但要教，并且要学要做。要手和脑一块儿干。"在家庭中，父母要多鼓励孩子多动手，做自己力所能及的事情，并通过玩积木、捏泥人、做手工等孩子感兴趣的活动来培养孩子的动手能力。孩子在游戏中模仿成人的多种活动，凭借想象扮演多种角色，自己动手解决游戏中遇到的困难和问题。通过这些活动，让孩子不断地发挥自己的想象力与创造力。

另外，父母不必为了培养孩子的创造力将家庭生活弄得紧张、沉重，更不必一改常态，变成严肃又过分认真的父母。真正成功的创造力培养者，是能够与孩子一起学习、一起游戏，一起成长，像个挚友般地倾听孩子的心声，了解孩子的举止，适时地给他鼓励与帮助。

创造力需要自由的时间和空间，因此父母应该给孩子充分的自由，鼓励孩子自由地思考和行动；不要总给孩子指定方向，多鼓励孩子在群体中敢于发表自己的见解，不惧怕别人的反对意见，让他们有机会犯错误，然后重新思考自己的想法，以此帮助孩子学会用有创意的方式思考和解决问题。

创造力是孩子成长的生长点，保护创造力就是善待孩子的生命，父母们要明白什么是创造力，就会发现孩子的创造力，保护并且发展孩子的创造力，从而培养出一个创造型的人才。在普通的生活中，只要家长做有心人，创造一定能让孩子的生活变得更加绚丽多彩。

第六章
鼓励孩子一定要说的十句话

要是每一个孩子的诗情画意都能得到人们的欣赏鼓励，从而健康地成长，那么世界将成为一个富于诗情画意的世界。

——【中国】殷庆功 作家

01 每个人都需要他人的帮助，
不能只顾自己的感受

亲子课堂 ···

　　引导孩子站在别人的角度去考虑问题，这样孩子在交往中，对别人就会多一些理解和宽容。

　　不知怎么，陈晓波越来越以自我为中心了。在学校里和同学一起打篮球的时候，陈晓波从来都是自己一个人带球，然后自己一个人上篮，从来不和队友配合。如果别人稍微有一两个球忘记传给他的话，他就会发牢骚："怎么不把球给我？你们怎么能这样？"同学们都觉得陈晓波太自以为是了，渐渐地疏远了他。

　　在家里，要是一家人正在看电视，陈晓波绝对是把遥控器紧紧地握在自己的手里，而且找的节目都是他自己喜欢看的，从不考虑爸爸妈妈是否也乐意和他看一样的节目。他觉得：反正只要自己觉得快乐、开心就OK了，才不会管他人！

这天，妈妈和晓波商量一件事。妈妈问道："隔壁小可过些天要参加英语口语比赛，你可以把你的MP3借给她用几天吗？"

晓波大声地拒绝道："什么？凭什么把我的东西借给别人，那是我的。她参加比赛与我何干？"

妈妈听罢，也故意夸张地回应道："与你何干？那么，我以后也像你对别人一样对你，你觉得如何？"

晓波没有说话，脸"唰"地一下红了。

妈妈意味深长地说道："孩子，每个人都需要他人的帮助，不要只考虑自己的感受，若是只以自我为中心，那么，你会无意中失去很多很多的，好好想想妈妈的话吧。"

晓波惭愧地低下了头。

有些孩子自我意识很强，常常不会为他人着想，也不会考虑他人的感受。那么，当你的孩子出现这样的情况时，父母应该如何正确教育呢？

首先，父母应该直接指出孩子的错处，像上述例子中晓波的妈妈一样，反问他："那么，我以后也像你对别人一样对你，你觉得怎么样？"

让孩子自己思考问题所在。

其次，父母要鼓励孩子多与外界交往。通过"换位法"引导孩子站在别人的角度去考虑问题，这样孩子在交往中，对别人就会多一些理解和宽容，而不会采取过分的、不愉快的举动。让孩子有与他人分享物品的机会，有团结互助的习惯，懂得互惠互利，多为孩子提供结交朋友和接触社会的机会，提高与外界的交往能力，要根据其在交往中存在的问题，引导他反省：在家里行得通的办法，为什么在同学中行不通？我该怎么处理？然后，根据问题所在，帮助其分析原因，并共同寻找改进的办法。

当然，这个毛病并非一朝一夕就能改掉的。所以，父母平时还要做到不娇惯溺爱孩子。在为孩子提供必要的物质条件的同时，还要培养他们艰苦朴素的生活作风，增强其劳动观念，克服懒惰、依赖情绪。因为，优越的物质生活不仅容易使人消极、颓废，不思进取，而且容易使人变得贪婪、无休止地追求个人利益，所以培养勤劳、朴实的性格是克服自我中心的关键所在。

文文是个很有才能的学生，会写会画，朗诵和唱歌都不错。在刚进学校不久，班级组织的联欢会上，她大方的表演赢得了同学的阵阵掌声，当同学们有些吵闹时，她主动帮老师维持好纪律。不久选举班委，文文被同学们一致选上了班长岗位。谁知随着时间的推移，文文暴露出来的毛病也越来越多，遭到了很多同学的排斥，特别是男生，经常和她唱反调：在她工作时故意捣乱，不守纪律，或者使她难堪。文文的毛病表现在几个方面：一是唯我独尊，不尊重别人。开干部会，从头到尾，都是她在说话。她的意见，别人不能有异议，只要别人不同意，她就与人争辩，强词夺理，一定要别人赞成她的想法，接受她的意见；二是出风头的事情自己干，费力费时的辛苦事支配别人干。同学们说，凡是主持节目这样抛头露面的事文文就安排自己做，而大扫除、义务劳动、帮助同学等辛苦出力的事情则安排其他人去做；三是好大喜功，能得到表扬、有名誉的事文文就往自己身上拉，似乎只有她是有功之臣，而有了差错，她就把责任推得一干二净，让别人去承担。总之，文文一切从自我出发，在班级中自说自话，不足挂齿的一点小事，她也要和同学赌气，争得面红耳赤，让人觉得文文蛮不讲理。但文文却不这么认为，她觉得同学们在背后说他的坏话，是因为嫉妒，"反正，他们看我不顺眼，我看他们更不顺眼。我也不想呆在这个班了，换一个班或者干脆转学算了。"

自我为中心的心理从何而来呢？其实，主要是我们的家庭教育出现了问题。现实生活中，有些父母对孩子关心过度、照顾过度、宠爱过度、迁就过度。这样，使孩子自觉不自觉地加重了自我意识，形成了自我中心的心理定势，只顾自己，不考虑他人。纠正孩子的这种心理定势，不是一件容易的事，父母要经常提醒他要考虑别人的感受，而又给予他自由选择，他渐渐便会学到如何满足自己的需要，而又同时照顾到别人的感受。所以，生活中，父母可以经常适当地指出孩子有哪些行为对别人造成了影响，引导他站在对方的角度想象别人会怎么想，会有什么感觉。

此外，父母还要再进一步肯定孩子在他们心中的价值——他是善良的、会顾及别人感受的，让孩子自行判断应该怎么办。

父母还要让孩子在同学和邻里中多结交朋友。现在的孩子普遍没有兄弟姐妹，邻里交往也很少，许多孩子终日只是一个人学习、玩耍，这样，孩子的心里自然很少考虑到他人，孤独的环境形成自我中心是必然的。改变这种情况，家长除了时时陪孩子交谈、娱乐外，更重要的是鼓励孩子与同学、邻里发展友谊，要鼓励孩子带同学、朋友来自己家里玩，也要鼓励孩子去别人家玩，让孩子帮邻居家取报、送信，到邻居家借还物品等。家长带孩子出游时，也可带上孩子的同学和朋友。在这些交往过程中，孩子就会体验到与朋友应怎样相处，逐步学会为他人着想、关心他人。

02 你应该成为大家
   都喜欢的人

特迪今年5岁了，尽管在幼儿园过集体生活的历史并不长，但是因为他总是爱欺侮人，很快就得到了"小霸王"的绰号。

特迪脾气急躁，爱发火，最使人反感的是常常变着花样对小朋友发动进攻，所以很少能和小朋友们玩到一起。他欺侮和伤害小朋友没有固定的方式。有的时候他寻机用拳头打小朋友或扇耳光；有的时候他手里拿着个棍儿、棒子之类的家伙，举起便打；要不然就咬人、揪头发；或把小朋友绊倒在地上，然后骑在人家身上。幼儿园里没有小朋友愿意和他在一起玩儿，他时常显得很孤独。即使如此，特迪还是不时地挑起争斗。有时，他看到别人在玩自己也想玩的玩具，就一把抢过来说："我想要这个玩具"，如果别人坚持不给，他就动武，打人。他的这种霸道的行为一个上午就要发生四五次。老师一再批评他，对他表示不满，而且试图帮助他与小朋友们友善相处，可是特迪依然如此。

这天，妈妈把特迪叫到跟前，说道："班里的小朋友和老师似乎不太喜欢你，你知道为什么吗？"

特迪摇摇头。

妈妈耐心地说："是因为你的霸道的态度。孩子，别人很不喜欢你这样的态度。一个人只有成为大家都喜欢的人，才会有朋友，长大后才会有事业，才会快乐、幸福。你觉得呢？"

妈妈的话深深地触动了特迪，他开始反省自己的行为。以后的日子里，爸爸、妈妈常常带着特迪去散步，和他谈心，给他讲一些与人为善、与人合作的故事，特迪渐渐有了很大的转变。

后来，特迪改变了"小霸王"的做法，渐渐地他发现自己开始有朋友了，而老师也开始喜欢自己了。

横行霸道是在生活经验中学来的，其中家庭的影响不容忽视。当父母发现自己的孩子在学校或是家里都是一副"小霸王"的样子，那就要反省自己的教育方式了。因为一般在溺爱中成长起来的孩子，多半会养成霸道、自私的性格，他们只以自我为中心，很少顾及他人的利益和要求，感情容易冲动，经常无理取闹。而此刻父母就要立刻告诉孩子："你这样的态度让人很难受。"让他明白霸道是不受人喜欢的。

在孩子犯错误时，粗暴地批评、指责，只能使结果变得更糟。这时，家长应耐心地教育帮助，温和地对孩子说"对人霸道的态度并非是你的本意，你可以变成大家都喜欢的人"之类鼓励的话语。

为孩子创造机会，让他们去观察并学习对其学习有重要影响，而又使他们感兴趣的榜样。要求他们看看别人是怎么做的，再想想自己应当如何去学习。如果孩子出现了向榜样学习后而形成的良好行为时，要及时地进行奖励，通过榜样的影响和正确的引导使孩子学到良好的行为和技巧。

此外，父母还要注意自己平时对待孩子的态度，如果希望孩子不霸道，那么家长首先不要对孩子霸道，而且对孩子的期望和规定应合理，不要过分高。父母要给孩子适当的关注。孩子有时候蛮横无理，要求很多，其实可能是希望家长多陪陪他们，是一种情感上的需要，应尽可能给予满足，这样孩子的无理和霸道也会少些。

父母还要适当满足孩子的控制欲。每天给孩子让他们去控制环境、指挥大人的机会，这也可以减少他们想控制一切的欲望。

03 无论怎样，
骂人、打人都是不对的

亲子课堂

父母应该做好表率，带头说文明语言，并且要慎重选择影视节目，引导孩子玩文明、健康的游戏。

这天，平时对人总是很有礼貌的周兵在学校里不但骂了人，还动手打人了，这到底是怎么一回事呢？原来，周兵被老师选去参加全市的物理竞赛，这次选拔没有经过特定公开甄选，周兵是直接被老师点名叫去参赛的。所以，同学之间自然有点闲言碎语，大家都在私下里议论道："周兵绝对是内定的，就因为他爸是教育局长的关系。"其中最不服气的同学是李松，他觉得自己的物理成绩比周兵优秀，可是老师却没有挑选自己而挑了周兵。

放学后，李松拦住了周兵，质问道："你凭什么获得比赛的资格，是不是你老爸拜托老师这样做的？哼，就会走后门，有本事就靠自己的能力呀！"

周兵面对这样无端地误会和指责，非常生气，他说道："你他妈的不要胡说八道，我靠的是自己的努力！"

李松听到周兵骂自己了，当然也不肯，便开始回骂周兵。周兵实在忍无可忍，他攥紧拳头上去就朝李松的鼻子挥上一拳。就这样两人扭打在了一起……

当周兵满脸淤青地回到家中时，爸爸担心地问道："你的脸是怎么回事？和人打架了？"

周兵点点头。

爸爸缓缓地说道："我知道你很生气。"爸爸稍停了一下，便立刻正色道："但无论怎样，骂人、打人是不对的。"

爸爸说完，便亲手帮孩子的伤口擦药水，温和地询问孩子打架的原因。经过和爸爸的一番交谈后，周兵意识到自己做错了，愤怒的心情也渐渐得到了好转。

　　骂人、打人的现象在孩子之中经常出现，很多孩子在日常生活中会或多或少表现出这样的行为。如果孩子骂了人，打了人，有的家长要么是狠狠地教训一顿，要么是拉过来揍几下，但时间一久依然如故。还有的父母听之任之，不去理会。这些做法都是不对的，不会起到任何积极的效果。

　　此时父母要冷静下来，告诉孩子骂人、打人的影响，要明确指出骂人、打人是不对的行为，是不尊重别人的表现。要教会孩子在骂人、打人前，想一想对方的感受。

　　孩子是需要父母提醒的，有时候是因为被别的孩子激怒或受到了伤害时的被动抵御，对此父母应该教会孩子宣泄愤怒情绪的正确方法。

　　其实，要改变孩子骂人、打人行为的前提条件是查明其原因，然后再有针对性地给予指导。

　　孩子好模仿，且缺乏是非观，许多攻击性行为都是从电视、电影中，从父母、同伴那儿学来的。为此，父母应该做好表率，带头说文明语言，并且要慎重选择影视节目，引导孩子玩文明、健康的游戏，为孩子创造良好的环境，并为孩子树立良好的榜样。

　　对孩子骂人、打人的行为，有时候仅仅是批评、惩罚不一定有长久的效果。有这样行为的孩子，一般心胸比较狭小，情绪波动比较大，每当他们的要求未能获得满足时，或者目的未能实现时，他们就易怒易躁，不顾一切地在别人身上发泄，很少考虑后果。因此，在矫正孩子的问题行为时，除了教育他们对自己的行为有正确的认识外，还要逐渐训练和培养孩子的自控能力，使他们学会与别人相处时能够自我约束。

　　此外，父母处理孩子间骂人、打架的事情时要有这样正确的想法：孩子自己能解决的问题，尽量让孩子自己解决；孩子自己解决不了的，求助于父母，父母切莫简单处理，武断对待，或不问青红皂白打骂自己的孩子或别人的孩子。这些方法对孩子的身心发展会产生不良的影响，都是不可取的。

最重要的是，父母应该先弄清楚打架的原因，让孩子有正确的是非观，如果分析原因后是自己孩子不对，父母应明确指出孩子的不对之处，并进行教育，还应该让孩子向对方赔礼道歉；如果分析后是对方的不对，父母也应指导孩子学会正确处理冲突的方法。

属于正常交往中发生的小冲突，可让孩子采取忍让、不予理睬的方法，这有利于培养孩子谦让宽容的良好品质；如果属于孩子的既得权益受到侵犯，可让孩子据理力争；对经常欺侮人的孩子，可以采取回避的方法，或向教师、家长反映情况，让成人介入。

04 人要有主见，
不盲从

亲子课堂

　　每个人都有自己的个性和风格，如果盲从别人而改变自己，只会失去自己的个性。

　　"万岁，终于考完试了，终于毕业了！"百合和几个好朋友大声地呼喊着。她们顺利地结束了中考，终于可以好好喘口气了，大家甭提多高兴呢！

　　女孩们唧唧喳喳地商量着在暑假里要干点什么。有的说要好好地睡上一觉，有的提议要重新改变一下自己的形象。说到这里，其中一个女孩兴奋地说道："我们去染发，怎么样？反正这个暑假起码放两个月，高中一开学时，我们再把头发染回来不就行了！"她的意见得到了大家的一致赞成。不过，百合倒是有点犹豫不决，因为，她觉得自己年龄还小，染发好像并不太适合自己。不过，看到朋友们都赞成染发，自己自然也不能成为其中的"异类"了。

回到家，百合思前想后，决定问问妈妈的意见，她对妈妈说道："几个朋友都提议在暑假里把头发染黄，说是开学时再把头发染回来。你觉得这样可以吗？"妈妈听罢，微笑地说道："染发，是你自己喜欢的吗？还是怕失去朋友，因为觉得大家都去染发自己要是不去便不好？"

百合答道："其实，我也不太想去染发的，只是大伙都说要去，我怕不去不好。"

妈妈温和地说："那就相信自己的感觉吧。人要有主见，不盲从。即使是朋友的意见，如果自己觉得不好，也不要盲目跟从。"

百合点点头，此刻她的心中已经有了明确的想法：不去染发。

生活中，许多孩子都有类似的行为，比如，穿耳洞、染头发等，看到其他孩子这样做了，自己也禁不住想去效仿。父母对此要表示理解，要知道人人都爱美，而且孩子在成长的过程中，十分看重得到朋友的接纳和认同，再加上孩子已经步入了开始注重仪容的年龄，便更容易受到朋友的影响而做出决定了。父母对此行为要采取正确的教育方式，不妨对孩子说："是你自己喜欢的吗？还是为了朋友？"这句话起到引导孩子分析问题的作用，并可以帮助他了解自己真正的需要。

父母可以继续向孩子解释，每个人都有自己的个性和风格，如果为了迁就别人而改变自己，这样只会失去个性。父母可以协助孩子分析决定事情的好处和坏处，例如，染发可以让自己看起来更时尚；但是，染发会让发质变得很差，并不是每个人的肤色或是脸形都适合染发的。重要的是，这不是一个中学生的行为。

值得注意的是，父母在此中扮演的角色并不是帮助孩子决定最后做还是不做，而是帮助孩子肯定自我，建立自信。敢于坚持自我的孩子，才能在步入复杂的社会后不会随波逐流。

05 朋友交往
要信任坦诚

亲子课堂

　　批评会使孩子更加难过，更加困惑；怜悯会使孩子无法正确看待自己和他人，会使矛盾加深。

　　琴琴和佳佳是一对好朋友，她俩亲得就和姐妹一般，而且她们从幼儿园到小学、到初中都是同班同学。用琴琴妈妈的话来说，她俩比亲姐妹还亲，两人好得跟一个人似的。

　　可是，这样要好的朋友，有一天却发生了争吵，两人闹得挺不愉快的。原来事情是这样的：新学期开始，班里面要重新竞选班干部，经过同学们的投票选举，结果出来了，琴琴和佳佳居然获得了相同的票数，不过，她们两个只能选择其中的一位当班长，所以，老师希望两人再进行一次竞选演讲，让同学们再来评判一下谁更适合当班长。正在这个时候，佳佳站了起来说道："我认为琴琴更适合当班长，她有良好的组织能力和亲和力，我觉得她比我更适合班长这个职务。"就这样，琴琴"不战而胜"了。

但是，佳佳的做法却让琴琴很不开心，她觉得佳佳这样做并非大公无私，而是有点故作姿态，让同学们知道她是一个不重名利的人，倒是让自己置于尴尬的位置上。琴琴越想越气，她跑到佳佳面前，大声地说道："谁稀罕你'让贤'了，哼，你这样做想过我的感受吗？"说完，便转身离去……

回到家后，琴琴气鼓鼓地把这件事告诉了妈妈，而且还一直重复着这么一句话："今天佳佳太过分了，她以为自己是谁！"

妈妈没有对这件事做任何评论，只是亲切地说道："和朋友闹矛盾一定很难受吧？有什么办法让你心里舒服一些呢？"

琴琴听了妈妈这句话，一天的委屈终于爆发了，她抱着妈妈哭了起来："我真的有点气佳佳，她都不想想我的感受。"

妈妈拍拍女儿的肩膀说道："你为什么这样想呢？朋友交往要信任坦

诚，无端的猜疑会伤害彼此的感情。"

接着妈妈给她分析了起来，并列举了许多朋友交往坦然信任的例子。琴琴听罢，止住了眼泪。正在这个时候，佳佳来到了琴琴的家里，两个好朋友什么也没说，便紧紧地拥抱在一起，一切误会都烟消云散。妈妈站在一旁欣慰地笑了。

当孩子和别人闹了矛盾，回到家里闷闷不乐，或者满肚委屈地向父母倾诉的时候，父母在此刻不要着急，首先要做的事情就是给予孩子充分的支持，像琴琴的妈妈一样对孩子说一句："和朋友闹矛盾一定很难受吧？有什么办法让你心里舒服一些呢？"来表示了解和接纳他的感受，这样可以暂时缓解孩子心中的郁结。接着和孩子分析一下和朋友出现矛盾的原因，找出解决的方法。

父母要引导孩子正确处理矛盾。在孩子对矛盾有了正确的认识以后，再鼓励孩子采取正确的方法去处理。如果自己有错，就要勇于改正，如果对方有错，就要学会宽容。为了取得好的和解效果，让孩子学会容纳对方的缺点，又让对方能接受自己的道歉，可以先让孩子多反省自己的不足，多想想对方的优点，把它写下来，并写一写自己认识到矛盾对学习和生活产生的影响。然后让孩子寻找机会向对方说声"对不起"，并把自己所写的认识给对方看看。这样做的好处是可以让孩子因为看到自己的不足而诚心道歉，而对方则因为孩子心诚而容易接受道歉，最终达到和解的效果。

父母面对孩子苦闷、委屈，不要批评，也不要怜悯。批评会使孩子更加难过，更加困惑；怜悯会使孩子无法正确看待自己和他人，会使矛盾加深。应该跟平常一样和孩子谈心，列举一些孩子熟悉的事，来阐述团结意义的重大。也可以引导孩子设想工作后和同事不团结、生活中和邻居不和睦，一起相处时的尴尬以及由此造成的影响，再引导孩子设想一下和同学不团结后，给学习、生活带来的烦恼，使孩子认识到闹矛盾是不好的行为，从而产生和解的心理动力。

06 自己的事情
自己做

亲子课堂 ....

学习是孩子自己的事情，家长的贴身相伴，只会使孩子滋生一种强烈的依赖心理。

芳芳的成绩一直在班里名列前茅，同学们经常会向她询问学习方法，可是芳芳的回答却让人很意外，原来她的方法就是：爸爸妈妈陪着学习，帮助辅导，学习成绩自然就好了。

芳芳自从上学以来，几乎每次写功课都要父母陪伴在身旁，可能许多人会认为是因为芳芳不能严格要求自己，所以父母才会在其身边督促学习。其实不然，芳芳平时学习很自觉，可是，她每一次要写作业的时候，总是习惯于爸爸或是妈妈在一旁守着，每次做完作业自己总是习惯让父母帮忙检查作业的完成情况。所以说，芳芳成绩好的原因多半得力于父母的"指导有方"。

可是，当芳芳升上初二年级的时候，父母的工作日渐繁忙，自然没有很多的时间辅导孩子的功课了，而且父母也希望芳芳能够养成独立完成作业的习惯。不过这样一来，芳芳没了父母的"陪伴"，作业的完成质量就变得很差了。

这天，芳芳放学回家看到妈妈也回来了，很是高兴，心想今晚的作业可以叫妈妈一起完成了。芳芳对妈妈说道："你能陪我一起做作业吗？没有你的指导，我的作业本很少见到100分的影子了。"

妈妈看着女儿烦恼的样子，说道："孩子，其实你的作业应该自己独立完成，记住，自己的事情自己做，妈妈相信你可以做得很好的。今天先试试看看，好吗？"

芳芳听话地点点头，自己回到房间做作业了。过了一会儿，妈妈来到

芳芳的房间，拿起她的作业来检查，发现出错的地方很少，妈妈拍拍芳芳的头，鼓励道："作业完成得很不错。没有爸爸妈妈陪着也做得很好呀，以后要这样坚持下去，好吗？"

芳芳听到妈妈的表扬高兴地笑了。

现实生活中，很多孩子都习惯于父母陪着做功课，一旦离开了父母的监督和辅导，作业就不能独立完成，即使完成了，也是一塌糊涂。所以，父母每当听到孩子提出是否能陪着他们做功课的要求时，都会因心软而陪他们一会儿，可是日复一日，孩子就会养成没有父母的陪同就不能一个人完成作业的不良习惯了，此时父母再想纠正这个习惯，那就不是很容易了。

所以，遇到这样的情况时，父母必须先以言语给予孩子信心，因为孩子习惯了父母在身旁，连自己也以为没有爸爸妈妈便不行。父母还要让孩子明白，自己的功课必须要靠自己独立完成。

还有些父母主动对孩子的学习过多地参与，孩子学什么要挑，孩子的老师要选，孩子的学习要陪。的确，现在的父母有丰富的人生阅历，也有一定的文化水平，因此对孩子的学习进行督导无可厚非。但这样的苦心，令人尊敬却不令人信服。家长对孩子的学习应该只是适当提醒、稍加点拨，不应过多干涉，以培养孩子独立思考、自觉学习的习惯。

学习是孩子自己的事情，家长的贴身相伴，只会使孩子滋生一种强烈的依赖心理，这种孩子一旦没有父母的特殊照顾，便会感到不知所措。这种依赖心理，还会造成孩子做事缺乏主见和独立性，做事效率低，今后很难适应复杂的社会生活。

父母要根据孩子的实际情况把孩子自行做功课的时间加长。孩子做得到时，父母应该给予适当的赞美，如："你的确做得很好！""经过这段时间的观察，你已经完全能够独立地把作业完成得很好了，继续努力！"适当的赞美，可以增加孩子的自信心，帮助孩子建立正面的自我形象。

07 找找失败的原因，
努力去战胜它

海波是学校篮球队的队长，他曾经率领球队获得了很多比赛的冠军，可谓是战无不胜，所向披靡。同学们给海波冠以"不败将军"的美号。可是，在最近一次全区中学生篮球锦标赛中，海波的球队却意外地输给了一支实力很一般的球队。这让所有人都感到颇为意外，篮球队的所有人都很郁闷。可想而知，作为一队之长的海波更是烦恼和不甘心了。

自从那次比赛失利之后，海波变得郁郁寡欢起来，凡事都打不起精神。爸爸也注意到了他的情绪变化，一直想找个合适的机会和孩子谈谈。这天晚饭后，爸爸和海波聊了起来："怎么了？你最近老是提不起精神来？"

海波答道："唉，我们队输球了，叫我怎么高兴得起来呢？"

爸爸俏皮地眨眨眼睛道："不会吧，你们可是战无不胜的球队呀，你一定很泄气吧？"

海波点点头。

爸爸摸摸孩子的头，说道："这次输球真可惜，不过，别灰心，你不妨和队友们找找失败的原因，爸爸相信你们只要不灰心，努力奋斗，再大的失败都是可以改写的。要记住，不管是怎样的失败，都要找失败的原因，积极地去战胜它，而不是为之苦恼。"

海波听到爸爸的鼓励后，久违的笑容又回到了脸上。

许多孩子都会遇到比赛失败、考试失利的情况，而当孩子把这种情况告诉父母时，很多父母虽然会为孩子感到难过，却往往轻视他们悲伤的情绪，也许只会随便安慰一下，便开始忙碌自己的事情了。其实，孩子想要和家长表达的不仅仅是比赛输了，考试失利了，更多的是希望父母听他倾诉心中的不快。

有些父母还会这样安慰孩子："不高兴也没有用呀，反正已经失败了，要看开些，要从失败中总结经验教训，避免下次再出现类似的情况。"可是，家长们却不知道越是强迫孩子快乐起来，他越是会陷入低潮中。正确的方法应该是引导孩子把悲伤、失落以语言表达出来。这个时候，父母们不妨先放下手上的工作，和孩子好好聊聊，别忘了向孩子点头或是微笑，让他们知道你在专心聆听，让他们感觉到父母明白自己的心事。只有这样，孩子才会把不愉快一吐为快。父母在认真倾听孩子的心声之后，要及时认同孩子的感受，可以说："一定很难过吧，我要是这样也会不高兴的。"此外，父母同时也要表示对孩子有信心，因为孩子这时候的自信心已降至最低点了。要鼓励孩子继续努力，下次会做得更好，要告诉孩子自己并没有因为他的失败而看轻他。

有一些父母一听到孩子在比赛中输了，或是考试不及格，脸马上就沉了下来："怎么做得这么差？！真丢人！"或者："你是怎么学的？竟然取得这样差的成绩，真是蠢死了！"

孩子失败了，心里肯定会不好受，此时，他最需要的是亲人的关怀，尤其是父母的关怀，而不是父母的责骂。如果这时父母能更加关心他一些，帮助他找出失败的原因，鼓励他从中吸取教训，努力学习，孩子也可能会奋发努力，赶上进度。反之，如果一味指责，孩子只会更加悲观失望。

在孩子失利时，感到沮丧和悲观时，父母应该热情地鼓励他："不要泄气，我相信只要你努力，一定会做得很好，一定会取得好成绩。"这样一来，孩子可能会心情开朗，一心去想办法战胜困难，走出低谷。

08 每个人的身上都有
值得你学习的地方

亲子课堂

每个人都有他的长处，也都有他的短处，都有值得学习的地方，而不要自以为了不起，妄自尊大。

小刚是一个品学兼优的孩子，是老师眼中的"尖子生"，他几乎是在众人的表扬声中长大的，在这样的环境中，小刚渐渐地养成了高傲的性格。拿同学们的话来说："小刚连走路都是高仰着头的，非常傲气，他只会和学习成绩优秀的人来往，哼，如果成绩不好是绝对不能成为他的朋友的！"正如同学们所说，小刚的朋友只会是那些和他一样的"尖子生"。小刚在学校里面给人的印象就是自命清高。

小刚的爸爸也发现了孩子的这个毛病，他一直想找个机会好好和孩子聊聊，这天，他终于找到合适的切入话题了。

爸爸的一位高中同学从外地来看望小刚全家，这位同学和小刚很投缘，孩子也很喜欢这个远道而来的叔叔。那天，全家把那位叔叔送走之后，爸爸和小刚聊了起来：

"你觉得这个叔叔怎样？"

"还用说，太棒了，他知识面真广，几乎没有他不知道的东西！简直就是万事通，他原来在学校是不是成绩特好呀？"

"呵呵，你说错了，恰恰相反，他的成绩是全班最差的。因为他只喜欢阅读课外书，对书本没有多大的兴趣，后来，他上了技校，终于找到了自己喜欢的课程，他的那些课外知识在技校里可是大大有用的。"

"是吗？原来叔叔也是差生呀！"

"孩子，不要把差生或优等生，挂在嘴边，你要知道，每个人都有自己的优点，都有值得你学习的地方，所以，平时在学校中你可不要挑剔朋友哦，尺有所短，寸有所长，每个人身上都有闪光点，你为何不试着和他们相处呢？"

小刚听罢父亲的一番话，觉得有点不好意思了。

人各有各的优势，必须以积极、平等的心态对待每一个人，把每一个人都当作重要的人物来看待。对孩子而言，就是要让孩子积极发现每个人的优点和长处，从而做到平等待人。所以，明智的家长要鼓励孩子们善于发现每个伙伴身上的优点，每个伙伴都是值得我们尊重并学习的，从而引导孩子平等待人。

培养孩子与他人交往的能力对于他们今后的培养有重要作用。他们是否能够平等待人，在一定程度上决定了他们在以后的交友过程中是否成功，也就决定了孩子将来能否成为一个成功的人。要让孩子认识到每个人都有他的长处，也都有他的短处，都有值得学习的地方，而不要自以为了不起，妄自尊大。

家长在帮助孩子改掉这种不良习惯的时候，要注意说话技巧，如故事里面的父亲就使用了一个生动的例子，让孩子意识到了自己挑剔朋友的不对之处，这样，孩子既能很容易地接受父母的建议，也会深深地体会到平等待人的重要性。这才是成功的教育方法。

09 孩子,
抬起你的头

亲子课堂

任何一个人,当他昂首挺胸、大步前进的时候,在他的心里有诸多的潜台词:"我能行""我的目标一定能达到"……

一天,周志勇拿着一张筹款卡回家,很认真地对妈妈说:"妈妈,学校要筹款,每个学生都要捐钱。"

妈妈取出5元钱,交给他,然后在筹款卡上签名。志勇静静地看着妈妈签名,想说什么,却没开口。妈妈注意到了,问他:"怎么了?"

志勇低着头说:"昨天,同学们把自己的筹款卡交给老师时,几乎都捐了50元或者100元。"

志勇就读的是当地著名的"贵族学校",一到放学,校门外便挤满了名贵的小轿车。志勇的班级是排在全年级最前面的。班上的同学，不是家里捐款最多，就是成绩较好。当然，志勇不属于前者。

妈妈把志勇的头托起来说："孩子，抬起你的头，不要低头，要知道，你同学的家庭背景，非富即贵。我们必须量力而为，我们所捐的5元钱，其实比他们的500元钱还要多。你是学生，只要以自己的品学尽力为校争光，就是对学校最好的贡献了。"

第二天，志勇抬起头，从座位走出去，把筹款卡交给老师。当老师在班上宣读每位同学的筹款额时，志勇还是抬起头来。自此以后，他在任何人面前，总是牢记母亲的话，一直抬起头来做人。

有一句教育名言是这样说："要让每个人都抬起头来走路。"让孩子"抬起头来"意味着让他对自己、对未来、对所要做的事情充满信心。任何一个人，当他昂首挺胸、大步前进的时候，在他的心里有诸多的潜台词："我能行""我的目标一定能达到""我什么事情都能做好""小小的挫折对我来说不算什么"……假如一个缺乏自信的人有了这样的心态，肯定能不断进步。让孩子抬起头来，就是培养孩子的自尊心。

自尊是做人的灵魂，是自信、自强的支撑点，是包括孩子在内的每一个人的心理需要，健全的自尊感能使人奋发、进取，坚定地去追求成功。孩子的自尊心是心灵的保护层，一旦受到伤害，犹如树苗的表皮被剥去一样，树苗最后可能因此而枯萎。所以说，孩子的自尊心需要家长去保护、尊重。

多照顾孩子的自尊心，孩子才能健康成长。那么，自尊心是怎么来的呢？是遗传的吗？不，自尊心是靠后天培养的，作为家长，应怎样培养孩子的自尊心呢？

第一，让孩子相信自己的能力。

使孩子充分相信自己的能力，建立起"别人能做到的，我也能做到"的信念。作为家长要经常分析并肯定孩子的进步和成绩，使他们的自尊心不断地得到证实。要绝对禁止孩子说自己"笨""没出息""没信心"等。要鼓励孩子以最充足的信心、最饱满的精神、最高昂的斗志，全力以赴，战胜困难。

第二，要信任孩子。

信任是对待孩子的第一态度，信任是培养孩子自尊心的前提条件。家长信任孩子的人格，信任孩子是有自尊心、能够自立的人，那么孩子一定是朝着这个方向成长的。

第三，要引导、启发、鼓励孩子学会一技之长。

因为一技之长会使孩子领会学习的诀窍和乐趣，在学习中遇到挫折时，他会扬长避短，不丧失自信心。

第四，要鼓励孩子去竞争。

当今的社会是一个充满竞争的时代，作为家长应从小鼓励他们要有竞争意识，不能安于现状，不能满足现在的成绩，总是要看到别人的长处，要想方设法把别人的长处学到手，要有超越的思想。

第六，多去和别人接触，不断探索。

放手让孩子参加力所能及的实践，允许孩子有广泛的探索自由，使他们在不断探索与实践中提高自信心和自尊感。

第七要给孩子更多的自主权。

尤其是大一点的孩子最反感的是家长对他什么都要嘱咐几句，什么都不放心，结果弄得孩子手足无措。作为家长，最好不要影子似的跟着孩子，而要给孩子一定的空间，只有当孩子发问时才参与孩子的学习、生活等，这样才能提高孩子的各种能力。

10分数不是最重要的，重要的是你真正努力了

只有家长摆正心态，才能正确对待孩子的考试分数。

今天是公布考试成绩的时间，同学们都很紧张，大家围在一起议论道："不知道这次我考的怎么样？要是考砸了，非被我爸扁一顿。"

"是呀，我妈早上还要我估计自己考了多少分呢！"

"我最痛苦的日子就是把成绩单拿回家的日子，上帝呀，等着跪搓板吧。"

同学们都在说着考试成绩的事情，不过，志雍却待在一旁没有吱声，他实在不想说话，因为此刻他心里非常忐忑，他知道自己这次一定没有考好。果然不出所料，志雍又没有及格，唉，回去怎么和老爸交代呢？

志雍回到家便主动"坦白"了："爸爸，我这次考试又没考好，只考了56分，我很抱歉。"

爸爸看着孩子垂头丧气的模样，温和地说道："分数并不是最重要的，重要的是你真正努力了。爸爸不会因此而责备你，可能是你的学习方法没有用对。"

志雍特别感激地对爸爸保证道："我以后会加倍努力的，我真幸运有你这样一个善解人意的老爸。"

志雍说完，就跑过去给了爸爸一个热烈的拥抱。

当孩子考试没有考好，甚至分数很低时，父母首先应该表示对孩子的理解，要告诉孩子："分数并不是最重要的，重要的是你真正努力了。"这才是明智的教育方法。有位家长，看到自己孩子成绩下降，很是着急，一味地批评、埋怨孩子，结果是孩子越学越没有信心，最后竟落到了全班倒数第一名。这时家长反而冷静了，对孩子说："好了，你现在再也不怕哪个同学超过你了，你只要超过一个同学就是进步。"孩子没有了压力，学习进步很快，信心越来越足，两个学期内成绩提高到了中上等水平。作为家长应该根据孩子的具体情况，为孩子制订一些切实可行的目标，这样可以激发孩子的进取精神，增强学习的自信心。

父母要降低过高的期望值。人的智力、性格、气质等各不相同，即先天条件不同，因而接受知识的能力和效果就会有高下之分，考试中也就会出现相对的高低分之别，不可能要求每个孩子都出类拔萃。再说大多数家长经过艰苦奋斗也没能在同龄人中鹤立鸡群，又怎么有理由要求孩子一定要非常出色呢？因此只有家长摆正心态，才能正确对待孩子的考试分数。

家长对孩子的学习成绩应持的基本态度是：全面看待孩子的学习成绩，重在考试后的总结分析。

首先，家长要肯定孩子的学习成绩。孩子经过一段时间的学习，总会有所收获。家长应当善于找到孩子进步的地方予以肯定。

其次，无论考试的成绩是好是坏，都要从考试的内容和答卷的实际情况出发，帮助孩子分析成功的经验和失败的教训。发现问题，家长要和孩子一起制定解决问题的措施，以达到真正掌握知识的目的。其实，分数的高低并不是最重要的，重要的是孩子真的付出了努力，真的尽力了。有的家长为孩子准备一本"失分簿"，让孩子把每次考试的错误之处一一记录并改正在上面，以防孩子日后再犯类似的错误。这是一种不错的方法，家长不妨一试。即使孩子全对了，也要教育孩子学会总结成功的经验，而不应当只是沾沾自喜。

第七章
尊重孩子不能说的十句话

　　孩子的身上存在缺点并不可怕，可怕的是作为孩子人生领路人的父母缺乏正确的家教观念和教子方法。

——【美】珍妮·艾里姆　儿童教育专家

01 不完成作业，
   你就别想出去玩

　　星期天，本是玩耍的时间，可是李子却还要在家里做作业，这些作业是妈妈额外给李子布置的。妈妈有言在先，必须把作业按时完成才能出去玩。李子看着窗外快乐玩耍的小朋友，羡慕极了，身子虽然还坐在屋子里，可是心早就像小鸟一般飞了出去。

　　妈妈看到心不在焉的李子，生气地说："怎么？想溜出去了，对不对？不完成作业，你就别想出去玩！听到没有！"妈妈指着未完成的作业本说。

李子无奈地点点头，可是却是一副极不情愿的样子。他心里想：为什么好好一个星期天，我却只能待在家里写作业？我多想和伙伴们一块儿去玩呀。唉，这该死的作业，什么时候才能做完啊！

李子就这样望着窗外，心不在焉地写着作业。过了一会儿，妈妈来检查他的作业，发现还有很多作业没有完成，非常生气："怎么这么长时间作业还没完成？我告诉你，今天要是不完成作业，你就哪里也别去，甭说玩了！"

妈妈走出门后，李子狠狠地把笔摔在地上……

在日常生活里，经常出现类似的情况：孩子想要出去玩一会儿，但父母们却百般阻挠。在家长看来，孩子的时间是有限的，玩的时间多了，学习的时间自然就少了。所以，不如让孩子少玩一会儿，多学一会儿，这样更能有效地利用时间。对于家长的这一"善意"的考虑，孩子们并不领情，相反却认为父母蛮不讲理，影响亲子关系。

有的父母非常讨厌孩子玩，他们认为玩儿会浪费孩子的时间，同时，万一孩子玩耍成性，就会养成贪玩的坏毛病。但事实并非如此。心理学家认为，玩耍有助于孩子思维以及智力的发育和成熟，有助于提高孩子的创造力和创新精神，同时对于孩子的品格的形成和人格的完善也有益处。在游戏的过程中，可以培养孩子为他人着想的精神，培养勇敢、乐观、豁达的品质，还可以提高孩子应对突发事件和抗挫折的能力，那些在游戏中乐于担当领导者的孩子，在日后的成长中往往更容易获得领导者地位。

所以，玩耍实际上是孩子在成长，家长不应该为孩子爱玩而烦恼。在学校积极为孩子减负的今天，家长更应该为孩子减负，给孩子更多玩耍的时间。至于玩耍与学习时间冲突的问题，家长可以事先与孩子制定一个学习计划，规定哪段时间是学习时间，哪段时间是玩耍时间，让孩子自觉遵守。

父母要注意家庭教育中的"禁止效应"。对于孩子来说，一件东西一旦被贴上了"禁止"的标签，它反而会更具有吸引力。"禁止"很容易让人的心理产生一种饥饿感，更刺激了孩子近距离接触的欲望，玩也是一样。越是禁止孩子出去玩儿，孩子就越想出去玩儿，结果学习时三心二意，马马虎虎，反倒不如让孩子高高兴兴出去玩儿一阵儿，然后再高效率地学习。

02 要是考第一，
我就给你买礼物

亲子课堂

金钱的"引诱"只能使孩子步入"为奖而学"的歧途，无法获得奖品还可能使孩子郁闷不乐。

小安这天可兴奋了，因为，他穿着一双崭新的耐克跑鞋去上学了。来到学校里，班里面的同学立刻围观过来，大家都以羡慕的眼光看着小安脚上的新鞋，纷纷羡慕不已：

"哇噻，这可是最新款的耐克鞋呀！"一个同学忍不住夸奖道。

小安得意洋洋地说："算你有眼光，这可是限量版的耐克鞋哟。"

"那一定很贵吧？你爸爸妈妈真舍得花钱！"

"1500元，牛吧！这是我妈给我的奖励，因为我数学测验考了第一名！"小安大声地向同学们"宣布"爸爸妈妈给他买这双鞋的原因。

原来，小安的妈妈为了提高孩子的学习积极性，特别制定了奖励法则。妈妈是这样和小安说的："只要你能在测验或是考试中取得第一名，我就给你买礼物，你想要什么礼物，我就送你什么礼物。"小安听到这样的许诺立刻精神百倍，动力十足。这不，一次数学测验就拿到了一双耐克跑鞋。小安心里面暗自下决心，下周的物理测验也要拿到第一名，那么就可以让妈妈买更好的礼物了。

生活中，采取小安妈妈的做法的父母并不少见，他们为提高孩子的学习积极性，经常用"如果能考第一，就给你买礼物"类似的话来"鼓励"孩子。这种方法确实有效，绝大多数孩子都会因为利益的驱使而努力用功，就像故事里面的小安一样动力十足。但是他能坚持到底吗？他是真正从心底喜欢读书吗？当有一天奖励消失了或者不能再满足他了，他还会用功吗？答案肯定是否定的。

当孩子为了获得奖赏而努力用功时，或许真能考个满分，或者十分接近目标，然而这却是一个陷阱。有时候，即使孩子十分用功，却只能考98分的话，反而会因为无法获得奖品而闷闷不乐，成绩进步所应该具有的喜悦更是无形中被抹杀了。换句话说，获得奖品比成绩进步更叫人兴奋，而得不到奖品的绝望，却比成绩退步以后自我反省的心理来得深刻。

总之，这种促使孩子达成目标的奖赏太具有功利性了，会使孩子一心想去获得奖品，而忽视了学习的真正意义。因此，若一再采用此法，不仅会降低孩子吸取知识的乐趣，更可能使孩子摒弃读书的意愿，而单纯地为了得到奖励而拼命考第一。金钱的"引诱"只能使孩子步入"为奖而学"的歧途，没有自身推动力也不符合教育的真正目的。

而给孩子定下"只有考第一，才给买礼物"的任务，无形之中，增加了孩子的负担与压力。往往是孩子的确努力学习了，但由此产生的结果是，孩子不但没有达到提高学习成绩的目的，反而影响了孩子的健康。所以，家长不要给孩子施加过大的压力，不要单纯地强调考试排名，要注重孩子的进步，哪怕很小也要给予肯定和赞扬。这样，孩子才能在学习中感到乐趣，从而更快地进步和成长。

03 没出息，
就考这么一点分

亲子课堂

责骂只会使孩子的"成就心理"得不到满足，丧失学习兴趣，并长期处于压抑状态。

小雨今天离家出走了，在她留给家长的信中不难发现她出走的原因：

"昨天，我考试的分数出来了，数学80，语文84，英语79。这分数，把一向爱面子的妈妈气得半死，一味地批评我。妈妈还说：'没有出息，就考了这么一点分。'我听了心里真的是特别的不好受。我们班平均分80分，而我只比别人少3分，这样的成绩一定关系到我的未来吗？

"我真的不甘心，在班里我是同学们公认的好班长、老师的得力助手；在家里我是妈妈的好宝贝；在音乐教室里我是音乐老师的爱徒。这次的分数使我一落千丈，为什么？我真不知道怎么办。我对不起器重我的老师，对不起对我充满信心的妈妈，这样的分数改变了我在他们心中的地位，我好比从美丽的天使变成了丑陋的魔鬼，从美丽的白天鹅变成了丑小鸭。我这才发现只要出那么一点点错就会吹灭你的希望。我已经无心念书了……"

　　小雨妈妈捧着女儿的信哭了起来，可是，她不知道，就是因为她的那句"没出息，就考了这么一点分"，让孩子失望地离开了家。

　　生活中，很多父母都像故事里面的小雨妈妈一样，把孩子的考试分数看成是衡量一切的唯一标准。很多孩子都这样说："分，分，学生的命根。"如何对待孩子的考试成绩是家庭教育的一门重要学问，父母必须认真科学地对待孩子的考试成绩。当孩子的考试成绩不理想时，大多数家长不能正确对待，往往表现出愤怒和忧伤，对孩子作出强烈地反应。

　　在面对孩子的成绩时，很多家长持有以下四种观点：

　　1.求全：总想孩子各门功课都考100分，否则就责问，使孩子的成就心理得不到满足，丧失学习兴趣，并使孩子长期处于压抑状态，产生焦虑、负罪感等心理障碍。

2.粗暴：有些父母望子成龙的心理过于迫切，一旦孩子达不到目标，父母就恨铁不成钢，对孩子横加指责，严厉处罚，肆意打骂，严重阻碍了孩子的身心健康。

3.冷淡：有些父母不管孩子的学习，从不过问孩子的考试情况。这样使孩子不努力学习，考试成绩下降。

4.挖苦、讽刺：有些父母常常是看到孩子成绩低，便对孩子进行讽刺、挖苦，严重伤害了孩子的自尊心，使孩子失去了自信心和自觉性，产生自卑感等等。

以上这些做法都是不正确的处理方式，不仅对孩子日后的改进毫无帮助，甚至可能产生相反的作用。利用惩罚的手段，期望孩子获得改进，是事与愿违的。

04 大人说话，
小孩别插嘴

亲子课堂

孩子对大人世界的事情发表见解是他们独立意志的表现和发展的需要，即使观点不正确，也是值得称赞的。

可儿和邻居家的姐姐关系处得非常好。可儿是人小鬼大，虽说刚上初二，可是知道的东西却不少，邻居家姐姐的许多感情上的烦恼都可以和这个小丫头交流。姐姐常问可儿："你这些感情方面的知识都是从哪里学来的？"

可儿总是笑笑说道："呵呵，都是电视上面看来的呗，我可是天生有这方面的才能。"

说完，两人便笑成了一团。

最近姐姐和男朋友闹了一点别扭，两人正在冷战中。这天，妈妈和姐姐还有邻居家的阿姨正在说这件事："你应该原谅他的，男孩嘛，总是有点粗心的。"

姐姐说道："哼！饶了他这回，那下次更会变本加厉了……"几个人正聊得起劲，可儿也连忙把头凑了过来，搭茬道："哎呀，姐姐你应该原谅他这一次，这样才显得你宽宏大量……"

妈妈看到女儿居然打断了大人的谈话，立刻喝道："你在这里干吗？大人说话，小孩别插嘴！你懂什么？回家写作业去！"

可儿小声地嘀咕："谁说我不懂的。"妈妈狠狠地瞪了可儿一眼，可儿只好灰溜溜地离开了。

日常生活中，父母在说话时，如果孩子插嘴，父母便会制止："大人说话，小孩别插嘴。"家长们觉得这样的话语很平常，并没有什么不妥，自己是大人，孩子是小孩，孩子"乱"讲话就是没礼貌。事实上，父母的这种想法太过于专制了，而且也在无形之中伤了孩子的自尊心。

大人与孩子的世界虽然不同，但应该是平等尊重的。家长应该给孩子适当的发言权，孩子对大人世界的事情发表见解是他们独立意志的表现和发展的需要，即使观点不正确，也是值得称赞的。

如果大人们把大人的世界和孩子的世界划分得一清二楚，不把自己的孩子当成一个和自己平等的人来对待，不给予他们应有的尊重，那么孩子就不会信任大人，有事也不会和大人说，而是把所有的心事都放在心里。

孩子有发言的权利，家长应该尊重孩子的表达需要，让他们自由地发表自己的意见和建议，，而不要扼杀他们的天性。

所以，家长要正确面对孩子的这种对成人世界的新奇，积极地为孩子创造条件和机会，让孩子尽快尽早地了解成人的世界，了解真实的社会，以培养孩子分析问题和解决问题的能力。

05 你怎么总有
那么多问题啊

每个孩子都和科学家一样，对自然界的奇观满怀好奇和敬畏。

　　莎莎是个满脑子充满幻想的女孩，别看她小小年纪，却总有问不完的问题。"为什么蛇没有腿也能走"、"为什么太阳到了晚上就不出来"、"为什么电灯会发光"……只要有不明白或迷惑的地方，她都要问，都想要弄明白，而有的问题甚至超出大人们的想象和回答能力。莎莎的父母开始时还有一定的耐心，再加上孩子的问题很简单，几句话就能解答清楚。但随着她的问题难度加大，父母就感到招架不住了。

　　这天，莎莎看到动画片里面的青蛙感到很奇怪，她想，为什么小青蛙一会儿在水里，一会儿又在岸上了？莎莎脑子里面充满了问号，便走到厨房去询问正在忙着做饭的妈妈："为什么小青蛙在岸上不会死掉呢？"

此刻妈妈正忙得"不亦乐乎"，根本没有功夫详细回答莎莎的提问，所以就随便敷衍了一句："因为它是两栖动物呀。"这个回答却更加激起了莎莎的好奇心。莎莎继续问起来："那什么叫两栖动物呢？"妈妈这下烦了，大声嚷道："闭嘴！你怎么总有那么多问题啊？小孩子，问这么多干吗？整天都是'十万个为什么'！"

莎莎被妈妈大声的呵责吓住了，"呜呜"地哭着跑回了自己的房间……

孩子天性好奇，他们对世界上的一切事物都非常好奇，常常会指着那些新奇的东西，问这是什么，那是什么，为什么会这样……总是瞪大眼睛去感知，去观察，去想象，去发问，想要发现世上所有的奥秘。可悲的是，现实中，多数父母以简单回绝的方式对待孩子的提问，造成学龄前的孩子还有问题可问，上小学时除了书本知识就不会再问其他问题了，到中学不是不问而是不会问问题了。

天文学家卡尔·萨根曾经说过："每个人在他们幼年的时候都是科学

家，因为每个孩子都和科学家一样，对自然界的奇观满怀好奇和敬畏。"保持孩子的这种好奇心就成了老师、父母们的重大责任。

莎莎妈妈的处理办法属于最简单、也是最低层次的回答方式。对孩子的提问置之不理，直接后果是打击了孩子对知识的渴望，熄灭他们思维的火种，扼杀了孩子的好奇心，由此影响到孩子的创造力的形成。著名的教育家陈鹤琴曾经说："好奇心是小孩子获得知识的一个最主要的门径。"孩子提出问题的欲望在父母的呵斥下受到不该有的压制，这是值得父母们反思的。要知道父母应该帮助孩子学习，无论这种学习是认知、情感或技能方面的，首先必须唤起孩子学习的求知欲和好奇心，才能产生持久的学习欲望。

因此，家庭教育中，应坚决摒弃这种简单问答方式。

沈括是我国宋代著名的科学家。他小时候就对周围的事物充满好奇，他爱打听，爱观察，爱把见闻记下来。每当生活中碰到不明白的地方，小沈括都会习惯地去问父亲。他的问题还真多，面对儿子的好奇心，父亲每次都不直接告诉他答案，而是鼓励小沈括先自己思考，然后一步步地引导他，启发他，让他自己推理，找到答案。

每当小沈括对什么问题产生疑问时，父亲都鼓励他说出来，并记录下来，和他一起分析探讨。这让沈括养成了良好的习惯，对事物之间存在的差异做出自己的分析思考，这为他后来编撰传世之作《梦溪笔谈》打下了坚实的基础。直到今天，《梦溪笔谈》里记载的很多自然规律和生物习性仍然被后人参考。

好奇心是创造力的源泉，而创造力又可以奠定一个人日后成功的基础。我国著名教育学家陶行知先生说："发明千千万万，起点是一奇。"好奇心是走向成功的第一秘诀。瓦特小时候，发现壶里的开水把壶盖顶起的现象，便产生了好奇，经过长期试验，最终研制出先进的蒸汽机；牛顿看到苹果从树上掉下来，而不是飞向其他方向，从而产生了一连串的疑问、好奇，经过长期研究，终于发现了万有引力定律。

不过孩子的好奇心常常会以稀奇古怪的问题方式出现，会时不时地提出一些成人看起来幼稚可笑的问题。如果一个孩子总在发问、总在剖析新事物，作为他的父母就会不胜其烦，认为他是在添乱，而常常会说"你怎么总有那么多的问题"，因为这些让孩子表现出极大兴趣的新奇事物，很可能只是大人们习以为常的东西。

如果父母过分地压制孩子的好奇心，就会阻碍孩子迈向成功的脚步。所以，对待孩子的提问，父母要耐心、细致地回答，要想方设法发掘孩子的想象力和创造力，保护好孩子的好奇心。

另外，面对孩子别出心裁的新花样和恶作剧，千万不要气恼，更不要责怪孩子，因为这正是孩子创新精神的体现。总之，父母要特别珍惜孩子的好奇心，并设法进一步激发这种好奇心，使孩子的想象始终处于活动的状态。

06 你怎么那么笨

亲子课堂

世上没有愚蠢的孩子，只有不懂孩子的父母。

王娟是个乖巧的孩子，就是性格有点内向，不太喜欢和同学一块儿玩。王娟的妈妈一直希望把女儿培养成钢琴家，其实这也是想完成她年轻时的梦想。所以，尽管生活并不宽裕，但对于小娟每小时100元的钢琴课时费却从来没有皱眉。妈妈常常嘱咐小娟，一定要好好学习钢琴，妈妈的希望都寄托在你的身上了。小娟很懂事，知道妈妈用心良苦，每天都是很认真刻苦地练习着钢琴。不过，学习钢琴并非努力就能学好的，这需要天赋。

这天，小娟的妈妈要求小娟给她弹奏一段简单的钢琴练习曲，可是，小娟的手指似乎不听使唤，老是按错键盘，断断续续地才把一曲演奏完毕。可想而知，妈妈自然很生气。想想自己辛辛苦苦，省吃俭用，把钱省下来给孩子交学费，可是练了大半年，居然连一首简单的曲子都弹不下来！小娟妈妈脱口说了一句："你怎么这么笨，这么简单都学不会！"说完便走到客厅里去了，留下小娟一个人。

小娟的眼泪像断了线的珠子流个不停，她好想对妈妈说，我已经尽力了，也在用心学了，可就是学不会呀。我怎么这么笨呢？自此以后，小娟变得越来越内向，越来越不喜欢和妈妈说话了。

日常生活中我们常常听到一些家长总是抱怨自己的孩子学东西慢，一句："你怎么这么笨，这么简单的你都学不会。"常常挂在嘴边。我们不禁要问，"笨"的标准是什么呢？爱因斯坦4岁才会说话，7岁才会认字。老师给他的评语是："反应迟钝、不合群，满脑子不切实际的幻想。"他曾遭到退学的命运。可是最后，他却成为一名伟大的科学家。世上没有愚蠢的孩子，要知道许多人智商虽高，后天发展却是平平而已。父母若常对孩子说"你的脑子不好"，或是"你真笨"，这些话对孩子来说将是一个沉重的打击，他潜在能力的发挥将受到阻碍。

个性要强的孩子最怕别人说他笨，他不明白自己为什么总是出错，学东西这么费劲。也许，多年之后他能证明自己不笨，可在当时，心里就像压了一块大石头，"你怎么这么笨"从自己父母口中说出来，可想而知，孩子心里有多么难受！

为人父母者，不知是否被人说过"你真笨"这三个字？或者在心里对自己说过这三个字，如果你知道这三个字的分量，怎么忍心对自己的孩子说呢？小娟或许就是因为妈妈的一句"你真笨"而丧失了仅有的一点自信心，在以后的日子里，或许变得更为内向甚至自闭。

07 你这个窝囊废，
一辈子都没出息

亲子课堂

父母的责备会给孩子的心灵上造成永久的伤痛，会让孩子越来越自卑，感到越来越没有尊严。

小瑛是个喜欢幻想的女孩子，她总是会用笔记录下自己每天的所见所闻、所思所想，她觉得这样会给自己的生活留下精彩的回忆。由此，小瑛养成了写作的习惯。上了初三，面临即将到来的中考，学习生活越发紧张起来，可是小瑛还是坚持每天创作2000字，这样自然避免不了会影响到学习，所以，她的学习成绩开始下降了。

这天，妈妈到学校开家长会，得知小瑛的成绩已经排在了全班的中下等，很是生气。回到家中，直接进入女儿的房间，看到书桌上摆着一摞一摞的手写书稿，自然气不打一处来，随手就把稿子统统扔在地上。小瑛看到自己珍贵的书稿被妈妈随便丢在地上，很伤心，哭着对妈妈说："您为什么要这样做？您知道这些书稿对我有多重要吗？"

妈妈正在气头上，骂道："不知道！我就知道你这样下去，会考不上高中，考不上大学。你整天写小说，瞎幻想，能有什么好处？你这个窝囊废，一辈子都没出息！"

面对妈妈的大声叱喝，小瑛一下懵住了，想不到妈妈会这样骂自己，这样断然否定自己，甚至不给自己解释的余地……

现实生活中，父母常常会过分地责备孩子的不是。就像故事里面的妈妈，仅仅因为孩子的成绩稍稍有点下降，就骂孩子是"窝囊废"，说孩子"一辈子都没有出息"。这些父母都忽略了至关重要的一点，父母的责备会给孩子的心灵上造成永久的伤痛，会让孩子越来越自卑，感到越来越没有尊严。

爱之深，责之切，父母的责备也是出于自己对孩子的爱，可是这样的责备却会使孩子失去自信，从此很可能他就真的成为父母口中的"窝囊废"了，"一辈子没出息了"。作为父母有责任向孩子指出他错误的表现，并督促和鼓励他纠正，但千万不可以采取这样责骂的方式。

长期遭受父母嘲讽的孩子，慢慢地会变得胆怯、没有自信；或者对父母产生怨恨而耿耿于怀。由于害怕，所以只能将对父母的轻视和愤怒埋藏在心底，这样极不利于孩子的身心健康发展。

一个习惯以讽刺态度批评孩子的父母，是不可能取得孩子的尊重的。父母要激励孩子，需要采用称赞、鼓励、循循善诱的教育方法，千万不要数落孩子的不是。只有父母尊重了孩子，孩子才会去尊重父母。

家长要尊重孩子就要维护孩子的人格尊严，倾听他的意见，接纳他的感受，包容他的缺点，分享他的喜悦。有的家长在孩子犯了错误时就大吼大叫，这是不尊重孩子的表现。尊重孩子应该是无条件的，也就是说这份尊重是对孩子整体的接纳，尤其对暂时后进的孩子，则更要尊重和相信他的价值和潜能。

尊重并不是不能提出严格要求和批评，而是不能利用嘲笑、讽刺、挖苦的语言米刺激孩子，这属于在践踏孩子人格的基础上批评孩子，用这样的粗暴态度对待孩子，会给他的心理造成严重的伤害，同时会使孩子与父母的感情出现裂痕，造成两代人的感情代沟。尊重孩子的意愿和选择，是当代父母应该特别注意的问题。

08 如果不行，
就别坚持了

亲子课堂 ·····································

　　顽强的毅力可以征服世界上任何一座高峰。依靠自己的毅力，才能攀上高耸的山峰。

　　小桃很喜欢航模，爸爸也很支持她的这项爱好，因为制作航模可以锻炼孩子的动手动脑能力。最近小桃看中了一套航模装备，要求爸爸给她买下来。航模的价格很贵，不过，爸爸还是爽快地给小桃买了。

　　最初几天，小桃被这套航模深深地迷住了，每天放学回家就忙着组装这些装备。可是，没过几天，小桃变得有点不耐烦了。因为，在组装的过程中遇到了困难，有一个部分怎么也弄不好，小桃开始打退堂鼓了。

　　这天深夜，爸爸看到小桃房间的灯还亮着，便推门而入，看见女儿还蹲在地上忙活着组装航模，爸爸问道："怎么？那部分还是不能装好吗？"

小桃无奈地点点头："对呀，怎么都弄不好，怎么办呀？"

爸爸看到女儿焦急的模样，便心疼地说道："如果不行，就别坚持了，等以后再说吧。"

小桃听到爸爸的这句话如释重负，松了一口气说道："那太棒了，这个航模真的好麻烦，终于不用组装它们了。"

就这样，这堆航模配件到现在还散落在小桃的房间，小桃再也没有把它们组装起来的意思了。

故事里面的小桃对待事情虎头蛇尾，刚开始很热衷，可是遇到一点困难，便不想再坚持下去。她的父亲也非常"体谅"女儿，批准了小桃"不要坚持下去"。可是这样做，孩子以后遇到什么事情，可能也会只有三分钟热情，半途而废。

狄更斯曾经说过："顽强的毅力可以征服世界上任何一座高峰。"依靠自己的毅力，可以攀上高耸的山峰，克服无穷的困难，而不断地攀登，反过来又使自己的毅力增强。孩子在学习生活中，难免会遇到来自自身和外部的重重困难或障碍，每当这时，我们就要鼓励孩子不放松，不泄气，坚持到底，执著追求。

在上面的例子中，小桃的爸爸不妨这样对小桃说："这里是遇到一点儿困难，但应该坚持下去。爸爸相信通过你的努力，一定会克服这点困难。这样当整个航模组装完毕的时候，那会更有成就感的。"相信孩子听到这番鼓舞的话后，就会坚持下去的。

坚持不懈是人们在面对困难时的一种积极的心态和行为。要让孩子知道，生活就如一艘航船，不全是风平浪静的港湾，更有激流与重重险滩。所以要鼓励孩子勇于面对困难，坚持不懈，认准目标，永不言弃。切不可姑息孩子遇到困难就打退堂鼓的毛病，这样是极不利于他们成长的。

09 小孩子
有什么隐私

亲子课堂

　　孩子也有思想，也有秘密，也有不想让别人知道的隐私，也有一间心灵的密室。

　　星期天，彩玉出去痛快地玩了一天，因为一个星期的紧张学习使她头晕目眩，两眼发花。可是，在她玩累了回到家时，发现自己的书包被翻过了。此刻，彩玉立刻想起了书包里的日记本。

　　果然，日记被妈妈翻看了，不过，妈妈写了留言，表示了自己的歉意，可是彩玉还是感到很气愤，她心想：道歉又有什么用呢？日记写的是我心中的秘密，是我从来不肯泄露的私事，可妈妈竟查了我的书包！

　　彩玉又羞又愤，决了堤的泪水发狂地流！她找到妈妈大声问道："你为什么偷看我的日记本？这是我的隐私，你知道吗？"可是，妈妈却不屑地说："小孩子有什么隐私？你的事情我都有权力知道。"

　　彩玉忍着泪水再也没有说话。

　　从此以后，彩玉极少讲话。几乎一回家就是关紧房门做作业，吃饭时也是只盯着自己的碗和菜。日记也不写了，她把日记本放在了同学家的抽屉里，请同学保管。现在的彩玉宁可信任同学也不信任父母了！

　　据调查，大多数的家长都"偷偷"翻看过自己孩子的书包，偷看过自己孩子的日记。一项专项调查结果显示，70%的孩子都强烈反对父母偷翻自己的书包，偷看自己的日记。

　　父母为什么要这样做呢？归根到底就是父母和孩子之间产生了矛盾，是父母在与自己孩子的"沟通"上产生了问题。孩子因为苦于跟父母沟通，于是就把自己的苦衷写在日记里。父母们因为感到孩子跟自己的沟通越来越少，为了更好地了解孩子，防止其做错事，才"被迫"采取了偷看的方式。

　　不管父母有什么理由偷看孩子的日记，都是不对的行为。孩子也有思想，也有秘密，也有不想让别人知道的隐私，也有一间心灵的密室。父母要想真正尊重孩子，首先就要尊重孩子的隐私权，不窥探、翻看孩子的隐私。

　　很多家长认为孩子写在日记中的内容是孩子最真实的心灵写照，可以最准确地反映出孩子的思想，判断孩子是否有早恋等苗头。所以，翻看孩子的日记是教育的需要，父母也就不以为然。但窥探孩子的隐私真的有助于家庭教育吗？

　　事实并非如此，这种行为除了会导致孩子的强烈反感，加剧孩子的逆反心理以外，还会使孩子对父母产生极大的不信任。当孩子不再信任父母时，父母所说的话，即使是很好的建议，孩子也会拒绝接受，并且也会彻底关闭与父母沟通的心灵之门。

　　那么孩子的隐私就不能过问了呢？其实也不是这样，只是过问时要讲究方法，想要真正了解孩子的思想和行为，要从正面的渠道——与孩子建立畅通无阻的沟通来实现，这样才能达到预期的教育成果。

10 别烦我，
　　没看我正忙着

亲子课堂

不管父母正在忙什么事情，都要停下来倾听孩子的声音，让他们感到自己是重要的。

小凤最近学会了十字绣，而且绣得很漂亮。这天，她在家里的小坐垫上绣上了一只栩栩如生的小兔子，她高兴极了，便拿着坐垫想给妈妈看。

"妈妈，你看，我绣的小兔子怎么样？"小凤把坐垫举到妈妈的眼前。

可是此刻妈妈正在忙着炒菜，根本没有功夫搭理她，便说道："快拿走，没看我正忙着？别在这里添乱！"

小凤失望地走出了厨房，她看到了坐在沙发上看报纸的爸爸，赶忙拉着爸爸的手臂说："爸爸，你看，这个坐垫被我装饰得怎么样？"

爸爸头也没抬，应付道："很好，很好……"

小凤觉得爸爸在敷衍自己，就拿开爸爸的报纸，说："你连头也没抬，怎么就说我做的好了？"

爸爸有点生气了："把报纸拿过来，别烦我，没看我正忙着吗？真不懂事……"小凤气呼呼地离开了客厅，回到房间里面自己欣赏坐垫上面的十字绣去了。

有时候，家长正在忙着做某件事，可孩子此刻却请求父母和他们谈谈话或是帮忙做一些什么事情，许多家长都会不耐烦地说："去去去，别烦我，没看到我正忙着吗？"就因为父母的这一句无意识话，孩子敏感脆弱的心可能被深深伤害了。

父母的这句话其实并没有什么恶意，但从孩子的角度讲，这句话却意味着父母不把自己当一回事，认为自己所做的所有事情都是没有意义的，不管是自己的手工制作，还是学习上遇到了难题，都不如他们正在做着的事情——比如看报纸、做家务重要和有价值。有些孩子甚至因为这一句话产生了强烈的叛逆情绪："你们不是认为我做的事情没有一点用吗，那我就不好好做了。"结果放弃了对生活的探寻和尝试，甚至放弃了学习。

在父母的眼中，孩子在学校遇到的事情可能只是一些芝麻绿豆般的小事，不值得一听。可是对于孩子而言却是很大的事情了。父母是他们最信任的人，所以才会最想和父母诉说。而父母如果不愿意倾听孩子的话语，无疑放弃了一个了解孩子内心世界和与他们沟通的良好机会。

如果父母当时很忙，或者心情不好，不愿听孩子说这些事情，可以和蔼地对孩子说："爸爸（妈妈）这会儿需要考虑一点问题，你先去做作业，然后我再来分享你在学校遇到的有趣事情，好吗？"这样既避免了伤害孩子，又可以安静地做自己的事情，一举两得。

对于正在成长中的孩子来说，父母的关注就是他们成长的养料。父母疏于关注他们，不愿意倾听他们说话，不愿意欣赏他们的"杰出成就"，吝啬给予他们夸奖和赞美，他们就会像没有充足养料的植物一样萎靡、没有活力。

父母平时所忙的任何事情都没有给孩子生命的小苗施加养料重要，所以，不管父母正在忙什么事情，都要停下来倾听孩子的声音，这样孩子才会感到被尊重和呵护，才会健康成长。